梦山书系

统编版习作课

全国模范教师

三年级 开讲了

王振刚 著

海峡出版发行集团
THE STRAITS PUBLISHING & DISTRIBUTING GROUP

福建教育出版社

图书在版编目（CIP）数据

统编版习作课，全国模范教师开讲了. 三年级/王振刚著.

—福州: 福建教育出版社，2025.1

ISBN 978-7-5758-0303-8

Ⅰ．G623.242

中国国家版本馆CIP数据核字第20246FJ391号

Tongbian Ban Xizuo Ke，Quanguo Mofan Jiaoshi Kai Jiang le （San Nianji）

统编版习作课，全国模范教师开讲了（三年级）

王振刚　著

出版发行	福建教育出版社
	（福州市梦山路27号　邮编：350025　网址：www.fep.com.cn
	编辑部电话：010-62027445
	发行部电话：010-62024258　0591-87115073）
出 版 人	江金辉
印　　刷	福州万达印刷有限公司
	（福州市闽侯县荆溪镇徐家村166-1号厂房第三层　邮编：350101）
开　　本	710毫米×1000毫米　1/16
印　　张	12.25
字　　数	165千字
插　　页	1
版　　次	2025年1月第1版　2025年1月第1次印刷
书　　号	ISBN 978-7-5758-0303-8
定　　价	37.00元

如发现本书印装质量问题，请向本社出版科（电话：0591-83726019）调换。

目　录

下辑　统编版三年级语文下册作文教学设计

上 辑

统编版三年级语文上册作文教学设计

单元	主题	习作内容	习作要素
一	学校生活	猜猜他是谁	体会习作的乐趣。
二	金秋时节	写日记	学习写日记。
三	童话世界	我来编童话	试着自己编童话，写童话。
四	预测	续写故事	尝试续编故事。
五	观察	我们眼中的缤纷世界	仔细观察，把观察所得写下来。
六	祖国河山	这儿真美	习作的时候，试着围绕一个意思写。
七	我与自然	我有一个想法	留心生活，把自己的想法记录下来。
八	美好品质	那次玩得真高兴	学写一件简单的事。

第一单元 猜猜他是谁

一、教材分析

第一单元的主题是：学校生活。

习作内容：猜猜他是谁。

本单元的习作要求是：体会习作的乐趣。

这是教材中第一次正式的习作练习，以游戏的形式编排了"猜猜他是谁"的活动，要求学生用几句话或一段话介绍自己的同学，激发学生的习作兴趣，让学生在二年级写话的基础上以轻轻松松的状态进入习作学习中。

教师要在这次习作中引领学生习得方法——学习通过描写人物的外貌、性格、品质、爱好来表现人物的特点。

二、教学目标

1.引领学生观察人物的外貌，了解人物的性格、品质、爱好的特点。

2.选择一两点印象深刻的地方，写几句话或一段话介绍自己的同学。

3.能注意写一段话时开头空两格。

三、教学重点

选择一两点印象深刻的地方，写几句话或一段话介绍自己的同学。

四、教学难点

引领学生观察人物的外貌，了解人物的性格、品质、爱好的特点。

五、教学准备

教师：

制作课件。

印制学习单，课前发给学生。

学生：

四人为一小组，推选小组长。

六、教学时间

2课时

七、教学过程

第一课时

(一) 读一读, 猜一猜

1.同学们, 这堂课上, 我们先来玩一个游戏好不好? 游戏的名字叫"猜猜他是谁"。猜对了的同学, 可以获得一张明信片。

2.我们先来猜第一个, 大家准备好了吗?

课件出示:

家住花果山, 头戴紧箍咒, 身披虎皮裙, 手握金箍棒, 一个跟头就是十万八千里。

3.猜出他是谁了吗?

4.再猜第二个, 大家一起来。

课件出示:

耳朵大, 鼻子长, 大大的肚皮真能装, 一把钉耙走四方。

5.他是谁呢? 请你猜一猜。

6.第三个会是谁呢? 让我们继续猜。

课件出示:

红绫经常披身上, 脚下呼呼冒火光, 三头六臂两条腿, 手中拿着火尖枪, 脚下踩着风火轮。

7.猜到了吗? 他是谁呢?

8.你们是怎么猜到的呢? 能给大家讲讲吗?

9.教师小结: 是啊! 同学们抓住了表现人物特点的词语: 紧箍咒、虎皮裙、金箍棒、十万八千里……这样猜出了一个又一个的人物, 同学们真会思考!

(二) 想一想, 写一写

1.如果我们猜一猜身边的同学, 可以怎样介绍他们呢? 明明同学列了一个提纲，他都介绍了哪些方面呢？让我们来读一读。

课件出示：

他的头发又黑又硬，一根根向上竖着……	他特别爱笑，一个小笑话就能让他笑个不停……
猜猜他是谁	
他关心班里的每个人，不管是谁遇到困难，他都会主动帮忙。有一次……	他酷爱踢足球，也喜欢跑步，经常能在操场上看到他奔跑的身影……

2.你想一想，小作者打算从哪几个方面介绍自己的伙伴呢？

3.教师小结：人物的特点就是一个人与其他人不同的外貌、性格、品质、爱好。要想表现一个人的特点，就要抓住他的外貌、性格、品质、爱好。

4.明明想介绍自己的伙伴，可是他没有写完，你能帮帮他吗？你细细地观察，看看哪位同学的头发又黑又硬，然后再来观察他的五官、服饰，把这段话补充完整。

课件出示：

他的头发又黑又硬，一根根向上竖着……

积累卡
脸部：白净　红润　胖乎乎　黑黝黝　瓜子脸
头发：卷发　乌黑　油亮　辫子　披肩发
眼睛：水汪汪　水灵灵　圆溜溜　浓眉大眼　炯炯有神
鼻子：挺直　塌鼻子　鼻孔朝天　小巧挺秀　鼻尖扁平

5.谁愿意和大家分享一下？想一想他从哪些方面刻画了伙伴的外貌。

6.学生汇报。

他的头发又黑又硬，一根根向上竖着，高高的鼻梁上架着一副黑框眼镜。他高高的身材，穿上白色的衬衣，看上去格外的文气。

7.教师小结：刻画一个人的外貌，可以写五官，可以写身材，还可以写服饰，当读者读完了描写人物外貌的句子后，人物形象立刻浮现在你的眼前。

8.明明同学说，他的伙伴爱笑。你的哪位小伙伴也爱笑呢？你能帮他把这段话补充完整吗？

课件出示：

他特别爱笑，一个小笑话就能让他笑个不停；_____也能让他笑个不停；_____还能让他笑个不停。

9.谁来读一读？

10.学生汇报。

他特别爱笑，一个小笑话就能让他笑个不停；短短的一集《哆啦A梦》也能让他笑个不停；一部儿童话剧《三只小猪》还能让他笑个不停。

11.这段话中的"也""还"可以去掉吗？

12.教师小结：是啊！"也""还"不能够去掉，这样才能使句与句之间更加连贯，读起来更顺畅。

13.你身边有哪位同学乐于助人呢？你静静地回忆一下，发生在他身上的哪件事表现了他乐于助人的品质呢？

14.学生汇报。

他关心班里的每个人，不管是谁遇到困难，他都会主动帮忙。有一次，数学单元测验，我一打开铅笔盒，呀！我怎么能没带橡皮呢？如果考试时，我做错了题目，那可怎么修改呢？想到这儿，我转头找他借橡皮。他二话没说，立刻把他的橡皮掰成了两半，给我一半，他自己留下另一半。多亏了他的帮助，才使我顺利通过了那次数学测验。

15.这位同学通过介绍哪件具体的事例表现他的乐于助人呢？你想过没有，为什么要用具体的事例表现人物的品质呢？

16.教师小结：用具体的事例表现人物的品质，读者听了才更具有说服力。

17.最后，还要请你帮明明来介绍小伙伴的爱好。

课件出示：

他酷爱踢足球，也喜欢跑步，经常能在操场上看到他奔跑的身影……

18.学生汇报。

他酷爱踢足球，也喜欢跑步，经常能在操场上看到他奔跑的身影。操场上留下了他的滴滴汗水，正是他辛勤地锻炼，才会在学校春季运动会上，获得了百米赛跑全年级第一的好成绩。

19.教师小结：只有辛勤地付出，才会收获美丽的果实。运动如此，习作也是如此，只有平时辛勤地积累，习作的时候才会文思如泉涌。

（三）想一想，议一议

1.其实，人物的性格除了爱笑，还有哪些呢？人物的品质除了助人为乐，还有什么呢？人物的爱好除了运动，还有什么呢？四人为一个小组，在小组长的组织下，讨论讨论，填写学习单。

课件出示：

外貌	猜猜他是谁	性格
_____		_____
品质		爱好
_____		_____
_____		_____

2.哪个小组先来汇报?

3.当你下笔的时候,要想让同学猜出他是谁,就要细致地观察他的外貌、性格、品质、爱好……只有这样,才会像他,同学才能猜出来他是谁。当然,除了外貌、性格、品质、爱好之外,如果他的其他方面的特点也很突出,也可以介绍。

(四)想一想,写一写

1.同学们,这一次的习作任务就是:选择一个同学,用几句话或一段话写一写他。不能在习作中出现他的名字。他有哪些特别的地方?选择一两点写下来。写的时候,注意开头要空两格。

2.让我们来思考一下,习作题目是什么呢?你想选择哪两点来写呢?结尾怎么写呢?自己思考,并填写学习单。

课件出示:

学习单

题目:_____	
第一自然段	介绍小伙伴的
第二自然段	介绍小伙伴的
习作结尾段	

3.谁愿意展示你的学习单?

4.回去之后,请大家按照自己的学习单写好这次习作。写好后,下节课,我们继续开展"猜猜他是谁"的游戏,如果同学猜中了,那么双方都会得到一张精美的明信片。

第二课时

(一)读一读,悟一悟

1.上节课,有几位同学获得了一张小小的明信片,在明信片上,印有一则关于作家叶圣陶的小故事。你想听一听这则小故事吗？三位获奖同学，谁愿意给大家读一读呢？

课件出示：

叶圣陶修改子女文章

叶圣陶先生共有三个子女，分别起名至善、至美、至诚，就是希望子女具备完美的人格。1942年，24岁的至善和妹妹至美、弟弟至诚跟随父亲练习写作。他们仿佛在进行一场竞赛，每个人都想多得到一些父亲批改的红圈圈。

一年下来，三人写的文章已积攒到了厚厚的一摞。三兄妹在朋友的鼓励下，将稿件编排在了一起。叶老复看了一遍，删去一些，编成了一本集子。叶老先生为这本集子题写了书名——《花萼》。叶至善在《花萼》中的《自序》里也回忆了父子一起改作文的情景：

吃罢晚饭，碗筷收拾过了，植物油灯移到了桌子的中央。父亲戴起老花镜，坐下来改我们的文章。我们各据桌子的一边，眼睛盯住父亲手里的笔尖儿，你一句，我一句，互相指摘，争辩。有时候，让父亲指出了可笑的谬误，我们就尽情地笑了起来。每改罢一段，父亲朗诵一遍，看语气是否顺适，我们就跟着他默诵。我们的原稿好像从乡间采回来的野花，蓬蓬松松的一大把，经过了父亲的选别跟修剪，插在瓶子里才像个样儿。

父亲循循善诱，一家人温馨融乐。

2.听完了这则故事，你有什么感受吗？

3.教师小结：朗读，是修改习作的好方法，一边朗读，一边体会语句是否顺畅。

（二）读一读，改一改

1.同学们，我们也运用朗读法来修改习作。四个人为一个小组，轮流朗读，听的同学体会一下语气是否顺畅，随时可以提出修改意见。小组成员都朗读、评议后，再来修改自己的习作。

2.你的习作在哪些地方进行了修改，可以选择最满意的一处和大家分享。先来读读原来的句子，再来读读修改后的句子。

（三）读一读，评一评

1.很多同学，通过描写人物的外貌、性格、品质、爱好体现他的特点，你觉得哪部分文字最精彩，能给大家朗读吗？

2.学生汇报。

每次见到他，他都是小平头，头发黝黑。他笑起来，眼睛就眯成了一条缝，可爱极了。他身材不高，但喜欢穿一身浅蓝色的运动装，脚上的旅游鞋总是那么干净。

3.你猜这位小作者在写小伙伴爱好的时候，会写什么呢？你怎么猜到的？

4.教师小结：在写小伙伴外貌时，突出了服饰：运动装；后面写爱好时：喜欢运动。一前一后，形成了紧密的联系。这其中包含了小作者精心的思考。

5.学生汇报。

她喜欢静，每当下课的时候，很多同学跑出了教室，打乒乓球，扔沙包……可是她偏偏坐在座位上，不是捧起一本书，静静地阅读着，就是拿出作业本，静心地写各科作业，难怪每天放学的时候，她总是写完了当天的作业。

6.你从小作者的朗读中，学习到了什么呢？

7.教师小结：对比的写法，更加突出了小伙伴喜欢静、不好动的特点。

8.学生汇报。

他热爱劳动，是我们班级中的劳动小标兵。每当下课铃声响过，他就悄悄地走上讲台，拿起板擦把黑板上的粉笔字一点一点地擦干净。他发现粉笔末在教室里飞扬影响了大家的课间休息。于是，他就开动脑筋，从家里带来了三块抹布，将抹布浸湿后，再擦黑板，再也看不到粉笔末在教室里飞扬的情景了。

9.你觉得这段话中，哪句话能概括全段的意思？

10.教师小结：像这位小作者一样，采用先概括后具体的构段方式，这样的表达更加严谨，有理有据。

11.学生汇报。

他的爱好广泛，不仅喜欢养花、养鱼，还喜欢练书法。一到周末，他就到少年宫和老师学习书法。一年多来，他的书法大有长进，在区里的书法比赛中获得了三等奖。春节前夕，我还收到了他写的春联呢。

12.大家除了介绍小伙伴的外貌、性格、品质、爱好之外，还有没有介绍其他方面的特点呢？

13.学生汇报。

他有一个特别的习惯，就是每次做数学题的时候，如果遇到了难题，他一边思考，一边转动手中的自动笔。如果思考出了答案，他就会把自动笔握得很紧，使劲地在课桌上一敲，嘴里大喊道："我知道答案啦！"

他爱看书，一本厚厚的《西游记》，10天就看完了。由于用眼过度，他戴上了一副黑色小眼镜，同学们总是开心地叫他"眼镜张"。

14.教师小结：听了大家的朗读，我觉得大家善于思考，善于挖掘小伙伴身上最显著的特点，比如习惯、绰号等。但大家要知道，给伙伴起绰号，是不礼貌的行为哦！

（四）读一读，猜一猜

1.现在，到了游戏时间了。我们继续来玩"猜猜他是谁"的游戏。谁愿意读一读呢？让大家猜一猜，如果有同学猜对了，那么朗读习作的同学和猜中的同学，都会获得一张特别的明信片。

2.学生汇报。

猜猜他是谁

他的头发乌黑发亮，脑袋大大的，里面装着的全是智慧。

他性格开朗，爱说爱笑，一笑起来，脸蛋上不仅会出现两个浅浅的酒窝，还会听到他"咯咯——"爽朗的笑声。

他喜爱数学，书上的难题，他常常在班内第一个解答出来。很多同学愿意请教他。他也愿意帮助同学解答。有时他讲了一遍，两遍，三遍……看同学还是不理解的时候，他还会耐心地讲下去，直到真正明白了为止。我们都喜欢叫他"小先生"。

同学们，你知道这位"小先生"是谁吗？

3.谁已经猜到了这位"小先生"究竟是谁呢？

4.让我们继续来玩"猜猜他是谁"的小游戏。

（五）读一读，悟一悟

1.刚才，在玩"猜猜他是谁"的游戏中，有的同学又得到了一张特别的明信片。你知道这一回明信片上记录着哪位作家的故事吗？

2.谁来读一读？

课件出示：

比眼力

有一次，高尔基和另外两个朋友安德列耶夫、布宁在饭馆里聊天，想比一比谁的眼力好。他们商量好观察一个刚刚走进饭馆的人三分钟，然后各自说出观察的结果，看谁观察得更准确。

三分钟后，高尔基说，这是一个脸色苍白的人，穿着灰色的西服，长着细长发红的手……

安德列耶夫心不在焉，没看清楚什么，只好支支吾吾地胡编了几句，没有说出什么名堂来。

布宁说出了这个人的服装式样、颜色，描绘了他的身材、姿态，还说，他打的领带上有小花点，颈上有一块疤痕，眼珠子滴溜溜地东张西望……我怀疑他可能是个骗子。

刚好服务员来了，他们向他打听那个人的情况，服务员小声说："这个人呀，不知从哪儿来，常常在街上诈骗别人的钱财，名声坏得很……"

高尔基非常敬佩布宁敏锐的观察力。

3.你们知道，老师为什么和大家分享这则故事吗？

4.教师小结：只有细心地观察，才会抓住人物的特点。大家要想让别人猜出他是谁，首先要善于观察，观察人物的外貌，了解人物的性格、品质、爱好……只有这样，你笔下的文字才会精准，同学们才会猜得到你写的是谁。

（六）读一读，抄一抄

1.回去之后，请同学们再来读一读习作，也许你又发现有的地方需要修改了。修改过后，再工整地抄写到稿纸上。

2.我们将还没有被大家猜过的习作粘贴到墙报上，请大家继续猜，猜中的，双方同学都会得到特别的明信片。

八、佳作分享

猜猜他是谁

天津市南开区中营小学　王晨溪

我有一个好朋友，他的个头高高的，身材瘦瘦的，头发短短的，弯弯的眉毛下面镶嵌着一双水汪汪的大眼睛，闪烁着宝石般的光芒。高高的鼻梁上架着一副眼镜，笑起来有一对小酒窝。他喜欢穿红色的运动服，走起路来非常引人瞩目。

他待人很热情。有一次上美术课，我忘了带画笔，赶忙翻书包，翻书箱，还是没有找到。当我急得汗流浃背之时，他递给我一盒画笔，说："不用找了，我这里刚好有一盒画笔给你用吧。"

他不仅热情，还有很多爱好。他最喜欢的是踢足球，每天都坚持练两个小时，即使刮风下雨也不会停歇。一天，乌云密布，他一如既往地在操场上踢球。教练疾步走过来说："快下雨了，别踢球了。"他说："没事，教练，我再踢一会儿。"谁知，小雨淅淅沥沥地下了起来，可他依旧在踢球，教练跑过来说："下雨了，赶快进屋。"他却说："这点小雨不算什么，我还没有完成今天的目标呢。"说完他继续踢球了。小雨淅淅沥沥地下着，足球场上只见到他的身影。

这就是我的好朋友，你们猜猜他是谁？

第二单元　写日记

一、教材分析

第二单元的主题是：金秋时节。

习作内容：写日记。

本单元的习作要求是：学习写日记。

日记是一种常见的应用文体，内容宽泛，可以记事，可以写人……做过的、看到的、听到的或想到的，都可以成为日记的内容。日记是三年级习作起步练习的一个重要形式，选材灵活，写法自由，学生可以无拘无束地记录自己的生活。通过这次习作的学习，教师引领学生留心观察生活，初步学习积累习作的素材，并用日记的形式记录下来。

这次习作，教师引领学生习得方法——学习写日记，了解写日记的基本格式。

二、教学目标

1.能借助例文并结合生活经验，了解写日记的好处、日记可写的内容及日记的基本格式。

2.培养学生写日记的兴趣，培养学生学会观察身边的人、事、物、景，养成爱观察、善思考、勤动笔的好习惯。

3.开展"日记接力"活动，引领学生养成写日记的好习惯。

三、教学重点

阅读例文，了解日记的格式；能用正确的格式和通顺完整的语句写一篇日记。

四、教学难点

培养学生写日记的兴趣，培养学生学会观察身边的人、事、物、景，养成爱观察、善思考、勤动笔的好习惯。

五、教学准备

教师：

制作课件。

印制学习单，课前发给学生。

学生：

四人为一小组，推选小组长。

六、教学时间

2课时

七、教学过程

第一课时

（一）读绘本，走近日记

1.同学们，有一条小蚯蚓，它特别爱写日记，你想知道它在日记里都写了些什么吗？

2.让我们一起观看视频，阅读蚯蚓写的一段段有意思的日记。

3.读了小蚯蚓写的日记后，你有怎样的感受呢？

4.当我们一遍遍阅读小蚯蚓的日记时，总是情不自禁地乐出了声。阅读小蚯蚓的日记，是一件快乐的事情；小蚯蚓写日记的时候，也一定会觉得，这是一件快乐的事情。

课件出示：

5月1日

爷爷教过我们，礼貌非常重要。

所以今天我对遇到的第一只蚂蚁说"早安"。

队伍里还有六百只蚂蚁。我在那里站了一整天。

5月15日

今天我和蜘蛛吵架。他跟我说有脚才算酷，然后他就跑了，我追不上他。也许他说得没错。

——摘自《蚯蚓的日记》，[美]朵琳·克罗宁著；[美]哈利·布里斯绘；陈宏淑译

5.在蚯蚓的日记里，有友情，有亲情，有吵架，有害怕，有学习，有舞会，有恶作剧……在你的记忆中，这两天你经历了哪些事情呢？

6.有谁还记得你四五岁时每天经历的事吗？你有没有想过，随着我们一天天长大，同学们刚才分享的高兴的、难过的、有趣的事，也会被我们淡忘掉，那多可惜啊！为了记住这些事情，今天和大家分享一种简单、实用的好方法：写日记。

（二）读日记，学习写法

1.小蚯蚓爱写日记，小朋友也爱写日记。你来读一读这篇日记，思考：日记中记录了一件什么事情？

课件出示：

8月20日 星期一 晴

早上起床时，我发现那颗松动的牙齿更松了。我想把它摇掉，可是左摇右摇，牙齿就是不掉。唉！怎么办呢？这颗摇摇欲坠的牙齿让我感觉很难受。晚饭前，我忍不住又去晃动它，晃了几下，啊，终于掉了！

妈妈把我的这颗牙齿洗干净，收起来了。

2.小作者是如何把"掉牙"这个过程写清楚的呢？

课件出示：

小作者先想_____，可就是_____；小作者又想_____，这次终于_____；最后妈妈_____。

3.学生汇报。

小作者先想把松动的牙齿摇掉，可就是不掉；小作者又想晃动它，这次终于掉了；最后妈妈把它洗干净，收起来了。

4.这一步一步写得多么清楚啊！小作者两次想让松动的牙齿掉落，想了不同的方法，先是"摇"，后是"晃"，动词使用得多么准确。动词走进了句子，小作者的一举一动仿佛出现在了眼前。小作者前后的心情一样吗？

课件出示：

第一次　　摇　　就是不掉　　难受

↓

第二次　　晃　　终于掉了　　高兴

↓

洗干净　　收起来

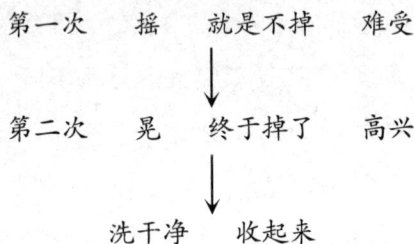

5.教师小结：把自己的行动与感受结合在一起写，写得多具体啊！

6.这篇日记与我们以前写的习作有什么不同呢？

7.同学们观察得非常细致！第一行记录下了年、月、日、星期、天气；第二行空两个格，开始写日记。

8.俗话说："日记日记，天天要记。一天不记，不成日记。"当我们拿起笔，开始写日记时，可以写些什么内容呢？

9.教师小结：一天当中，自己做过的、看到的、听到的、想到的，都可以写进日记里。

10.兰兰同学把自己一天经历的事情列了一个清单，不知道自己该写哪件事？你能帮她筛选一下吗？

课件出示：

时间	内容
上午	1.早晨起床后，洗漱，吃早餐。
	2.上午上了四节课。
	3.课间操时间，和大家一起跳长绳，战胜了男生队。
中午	4.中午在学校食堂吃饭，午休。
下午	5.下午的计算机课上，老师教大家用"画图"软件绘制贺卡。
	6.下午放学后，回家写作业。

（续表）

时间	内容
晚上	7.晚饭时，全家人围着餐桌吃火锅，爸爸讲了一件有趣的事情。
	8.给小乌龟喂食，换水。
	9.洗漱，准备睡觉。

11.教师小结：每天记录一件事情，从众多内容中选择一件给你印象最深的内容来写。

（三）读日记，创新写法

1.请你小声地读一读这篇日记，这篇日记中，小作者讲了一件什么事情？

课件出示：

8月28日 星期六 晴

蓝精灵，你好！我是哆啦A梦！今天下午，我看鱼缸里的水太脏了，不得不给小鱼换水了。小鱼非常淘气，它顺着胶管流到了脸盆里。哈哈！我可是捕鱼的高手！我把小捞网伸进脸盆里，小孔雀鱼四处逃散。我用小捞网把它赶到了一个角落里，再迅速捞网，孔雀鱼乖乖地被我送回了鱼缸里，连妈妈都为我竖起了大拇指。看着小小的孔雀鱼在清澈的水里游来游去，我真替它们高兴。

蓝精灵，今天就跟你聊到这吧！咱们明天见。

2.哪些语句是描写小作者捞鱼的动作的？哪些语句是描写小作者捞鱼后的感受的？

3.教师小结：把自己的行动与感受结合在一起写，写得多具体啊！

4.和刚才阅读的那篇日记比较一下，看看有哪些不同？

5.你打算给自己起一个什么样的名字呢？你日记本中的好朋友又是谁呢？

6.这样一来，写日记，就变成了跟好朋友聊天一样。

（四）写日记，小试身手

同学们，生活需要观察，老师希望你能睁大眼睛，竖起耳朵，开动脑筋，用心感受生活，拿起笔记录下给你留下深刻印象的人、事、物、景。

第二课时

（一）听故事，畅谈心声

1.上课伊始，老师想和大家分享列夫·托尔斯泰热爱写作的故事。

课件出示：

热爱写作

列夫·托尔斯泰从19岁开始，就养成了写日记的习惯。他随身带着日记本，无论是散步还是喝茶，无论是会客还是游玩，他都会不时拿出来，在上面记下点什么。

托尔斯泰的日记有三个方面的内容：一、记录所接触的人的举动、思想、感情；二、整理一天从生活中得来的感想；三、检查学习计划的执行情况。他的小说中人物的一言一语，一举一动，不少都是来源于他的日记。

托尔斯泰共写了51年的日记，在他逝世的前4天，他还舍不得放下心爱的日记本。

2.听了作家列夫·托尔斯泰热爱写作的故事，你有哪些感受？

3.教师小结：写日记，可以记录下生活中的点点滴滴和难忘瞬间；写日记，可以增强我们的观察能力，提升我们的习作水平；写日记，可以培养我们持之以恒的精神。很多作家都有写日记的习惯。

（二）读日记，集体分享

1.这堂课，就让我们分享大家的日记，相互交流，相互学习。课前，老师发给大家每人一张学习单，一边听，一边记录下你欣赏的词语和句子。

课件出示：

积累卡	
好词	
佳句	

2.分享"气象日记"。

9月29日 星期三 雨

白雪公主，你好！清晨，我拉开窗帘，看见窗外下起了雨。我和妈妈都穿上了雨衣，走出了家门。

豆大的雨点从天而降，滴落到雨衣上，发出了"吧嗒——吧嗒——"的响声，像是给我们的出行弹奏了一首美妙的乐曲。道路两旁的树木"咕咚咕咚"地尽情享受着甘甜的秋雨，经历夏日的炎热，一定要让它们喝个痛快。我深吸一口气，鼻尖全是清新的花香和泥土香。我用手接了几滴小雨泼在脸上，凉爽极了。怎么不见鸟儿的踪影，我问妈妈，妈妈笑了笑，说："它们一定藏在树叶下面躲雨呢！"

经过20多分钟的行进，妈妈把我送到了学校门口，我和妈妈说"再见"，妈妈说，下午就见着啦！

3.分享"活动日记"。

9月24日 星期五 晴

天津市南开区中营小学 李林阳

今天，我们来到了杨柳青庄园。我们来到了迷宫门口，外面阳光明媚，可是迷宫里却越走越黑。我们发现，周围的"墙壁"非常光滑，还能隐约看出一团团黑影。这时，越往里越漆黑，伸手不见五指。有的同学心惊胆战，有的发出声声尖叫，还有的盲目地四处乱撞。我们摸索着往前走，可总是碰壁。有个同学实在忍受不住黑暗，恐惧迫使她打开了手电。在亮光的照射下，我发现原来四周都是镜子。我们在手电的帮助下，终于走出了迷宫。

真好，我们的周围又是阳光明媚。

4.分享"随想日记"。

9月28日 星期二 晴

我的座右铭

天津市南开区中营小学　丁钦瑶

樱桃小丸子，你知道吗？我的座右铭是：书中自有黄金屋。记得我小时候不爱看书，妈妈总说："书中自有黄金屋。"那时候我不懂这句话是什么意思，现在我长大了，也懂得了它的含义：书可以让我们开阔视野；可以让我们增长知识；还可以让我们懂得一些做人的道理。这不就是我们最大的财富吗？

5.分享"植物日记"。

9月24日 星期五 晴

杨树

秋天到了，杨树的叶子悄悄地变黄了。一片片枝叶被秋风轻轻拂过，它们在杨树身上跳起了优美的舞蹈。

远远望去，一棵棵高大的杨树就像一位位士兵笔直地站在那里，似乎在守护着我们的校园。我慢慢地走近它，站在杨树前，我突然发现了一个十分有趣的小秘密，杨树的身上长满了小眼睛，它们好像正在凝视着我们。

伙伴们见我在杨树下，他们也跑了过来，我们从地上拾起一个个"老根"，拔啊，拔啊，拔出了一阵阵快乐。

6.分享"动物日记"。

9月25日 星期六 晴

可爱的蜗牛

下午，我写完了作业，跟妈妈说，想去小区的花园里玩一会儿。妈妈竟然答应了。

来到了小花园里，我惊喜地发现了一只只可爱的小蜗牛。一只小蜗牛悄悄地从叶子下面探出头来，一点一点地爬到了叶子上面。眼前的小蜗牛，有两只软软的触角，好像两根细细的天线。我还看到了小蜗牛的壳像线轴，它就是小蜗牛温暖的家。

每当小蜗牛爬行一步后，它就会在爬过的地方流下一条浅浅的印痕。当我用手轻轻地去摸它的头时，它就顽皮地把头和触角都缩了回去，好像在和我捉迷藏。

多么可爱的小蜗牛啊！我非常喜欢它！

7.分享"美食日记"。

9月27日 星期一 晴

放学回家的路上，妈妈买了绿油油的韭菜、鲜味十足的虾仁……我真是太开心了！因为我知道，晚餐一定是吃饺子，我爱吃饺子，尤其爱吃素三鲜馅的饺子。

一根根韭菜被妈妈切成了小碎块，与鸡蛋、木耳、虾仁搅拌在一起，倒上香油、盐，一股股香味扑鼻而来。一个个的小面疙瘩，在我的擀面轴下，轻轻松松地就变成了一个个小薄片。很快，妈妈已经包好了一盖帘的饺子。

如同小元宝似的饺子，下了锅，哈哈！我马上就可以吃到素三鲜馅的饺子啦！

妈妈说，以后每到周末，都要包饺子！真是太好了！

8.分享"学法日记"。

9月29日 星期三 雨

熊大，你好！你会写"歪"字吗？今天，我在写"歪"字时，想到了"歪"就是"不正"的意思，所以"歪"是由"不"和"正"组成的。你瞧，我轻而易举地就理解了它的意思，而且还记住了它的字形。

熊大，你记住它的字形了吗？

9.分享"班级日记"。

9月27日 星期一 晴

可爱的"小豆豆"

天津市南开区中营小学　于洁

最近，我在读《窗边的小豆豆》，讲的是小豆豆从一个小调皮变成了一个小可爱。今天，当我走进教室，我发现在我们班里也有着可爱的、乖巧的"小豆豆"。

清晨，当我刚走进教室的时候，看见两个男同学每人拿着一瓶墨水，咦？拿墨水干什么呀？难道是要……这时，只见他们把墨水倒进了讲桌上那个空空如也的墨水瓶里。哦，原来是为班集体服务呀！看来这样的"小豆豆"还不止这两个人呢。

交作业前，我先把饭盒放在大蓝箱子里。"哎呀，饭盒摆得真乱!"我也只是抱怨了一声，并没有去做什么。

下了第一节课，老师惊喜地对我们说："不知道是哪位同学将饭箱里的饭盒摆放得整整齐齐! 虽然不知道是谁，但我们要向他学习呀!"看，这个"小豆豆"也是那样的可爱。

此时，窗外的雨声依旧"沙沙"地响着，似乎也在为这几个可爱的"小豆豆"高兴地喝彩呢!

10.同学们，我们听了这么多篇日记，能说说你的感受吗?

11.教师小结：日记，包罗万象，什么内容都可以写进日记里，经历过的、看到的、听到的、想到的……都可以写进你的日记本里。

12.让我们来分享，你在积累卡上记录下的好词、佳句。

13.教师小结：学习语文，重在积累，谁积累了语言，谁就积累了智慧。

（三）读日记，小组评改

1.同学们，当你写好了日记，还需要在朗读中，让日记更加完美。四个同学为一个小组，轮流朗读日记。读完后，请同学评议习作，提出修改意见。

2.根据同学们给你提出的建议，独立修改习作。

3.谁来分享一下，你在哪些地方进行了修改？选择一处和大家分享。你可以先读读原来的句子，再读一读修改后的句子。

（四）写日记，共同提高

1.刚才有一位同学，和大家分享了"班级日记"。我们四十位同学生活在一间教室里，每天教室里都会发生很多有意思的事情。以"班级日记"为主题，每天请一位同学记录下班级中发生的故事。第二天早上，和全班同学一起分享。

2.瞧! 这就是老师为大家准备好的日记本，请1号同学到前面，领回这个日记本，写好第一篇"班级日记"。

（五）手记本，学会积累

1.上课伊始，我和大家分享了列夫·托尔斯泰写日记的故事。临近下课了，我和大家再来分享俄国杰出的短篇小说家与戏剧家契诃夫的手记本。

课件出示：

契诃夫的手记本

契诃夫有许多手记本，里面尽是他曾经收集写作素材随手写下的文字。内容有对话记录、人物素描、扼要的记事、生动的比喻、有趣的题目，还有读书摘记的警句、妙语等，这都是他把平常见到的、听到的、读到的、想到的东西，用简单的话写下来的。正如高尔基所说：都是些"美丽的精致的花边"。请看手记本的几则：

（1）他们为一个正派的人举行生日庆祝会。大家把它当成一个夸耀自己和互相吹捧的绝好机会，因此忘记了时间。直到快要吃完酒席，他们这才发觉没有请那位正派人本人出席，把他给忘了。

（2）要做聪明的事情，专靠聪明是不够的。

2.你知道，契诃夫留下的珍贵的手记本，给了我们一个怎样的启迪？

3.教师小结：是啊！只要平常留心观察，把看到的、听到的、读到的、想到的随手记下来，到写作文时，还愁没有词可写吗？

4.从今天开始，老师希望你也能准备一个本子，作你的"日记本"，每天写一篇日记；或者作为你的"手记本"，随时随地记录下各种各样的素材。

八、佳作分享

8月2日 星期五 晴

蜻蜓，喜欢自由地飞行

天津市南开区中营小学　王晨溪

　　天阴沉沉的，树上的叶子一动不动，蝉一声也不出，不一会儿，下小雨了。淅淅沥沥的小雨从天而降，像一串串断了线的珠子，飘落在层层叠叠的房顶上，点缀在苍翠欲滴的树枝间，零落在大街小巷的地面上。远处的电线杆上停留着几只小燕子，多么像五线谱呀！它们叽叽喳喳地叫着，好像在说："好凉快呀！"池塘里的荷花更加娇艳了，慢慢地，雨声越来越小，太阳出来了。

　　我打开窗户，看见很多小蜻蜓在空中舞蹈。我立刻拿起网子下楼捉蜻蜓去了，我刚下楼就看见好多蜻蜓在低空盘旋。我看好一只离我最近的，圆圆的头，细长的身子，黄色的翅膀。我屏住呼吸，轻手轻脚地走过去，趁它不注意，我举起网子一扑，没想到它发出嗡嗡的声音，舞动着翅膀飞走了。我心想它好聪明啊，我不甘心，又去寻找下一个目标。我瞄准了一只胖胖的红尾巴蜻蜓。我弯着腰慢慢地靠近它，心中默念"一、二、三"，用力一扑，"扑中了！"我高兴地跳起来。

　　我小心翼翼地捏着它的翅膀，它不停地在我手中挣扎，我忍不住放了它。看着它在空中翩翩飞舞，我懂了：它喜欢自由地飞行！

第三单元　我来编童话

一、教材分析

第三单元的主题是：童话世界。

习作内容：我来编童话。

本单元的习作要求是：试着自己编童话，写童话。

教材中为学生呈现了三组词语，分别表示角色、时间、地点。教师可以提示学生教材中提供的这些词语可以自由交叉组合，形成多样的故事情境。这样，就可以尽可能多角度地为学生提供素材，便于学生放飞想象，打开创编童话的思路，激发学生的创作欲望。习作讲评课上，教师要注重落实语文园地中提出的"运用修改符号修改习作"的要求，引领学生养成修改习作的好习惯。

这次习作，教师引领学生习得方法——能从"人物、时间、地点"三方面构思童话；给习作拟个题目。

二、教学目标

1.能借助教材提示的内容，了解童话的基本构成要素，发挥想象，编写童话故事。

2.能尝试运用改正、增补、删除的修改符号自主修改习作，初步形成修改习作的意识。

3.能给习作拟一个题目。

三、教学重点

发挥想象，自主创编童话，感受童话创作的快乐。

四、教学难点

用通顺的语言把童话故事写清楚，能用修改符号修改自己的习作。

五、教学准备

教师：

制作课件。

印制学习单，课前发给学生。

学生：

四人为一小组，推选小组长。

六、教学时间

2课时

七、教学过程

第一课时

（一）快乐猜猜

1.同学们，你们喜欢阅读童话吗？我来考考大家，给大家出示人物、时间、地点，请你来猜童话故事的名字。

课件出示：

人物	时间	地点
小马	白天	河边
小女孩	大年夜	街上
两只蟋蟀	早饭后	牛肚子里

2.看来大家都非常喜欢童话故事，著名儿童文学作家梅子涵说过："童话，也很像是一个太阳，让整个人类都有了长大和生活的光亮。"童话故事想象丰富，语言生动，蕴含着一定的道理，所以深得小朋友们的喜爱。

（二）放飞想象

1.现在，让我们也来编个童话故事，好吗？一起来看大屏幕。

课件出示：

人物	时间	地点
啄木鸟	冬天	森林超市

2.让我们一起来读一读，人物——啄木鸟（学生回答）；时间——冬天（学生回答）；地点——森林超市（学生回答）。

3.谁能根据这几个关键词语来编个童话故事呢？

4.谁还能继续往下编呢?

5.让我们一起来梳理一下这个有趣的故事。

课件出示：

森林里出现了雾霾，啄木鸟去超市买口罩，可超市里的口罩不适合它。怎么办呢?

猴子店长让啄木鸟去孔雀裁缝店，请孔雀大婶为它专门缝制一个口罩。

啄木鸟每天戴着合适的防雾霾口罩去为大树治病。

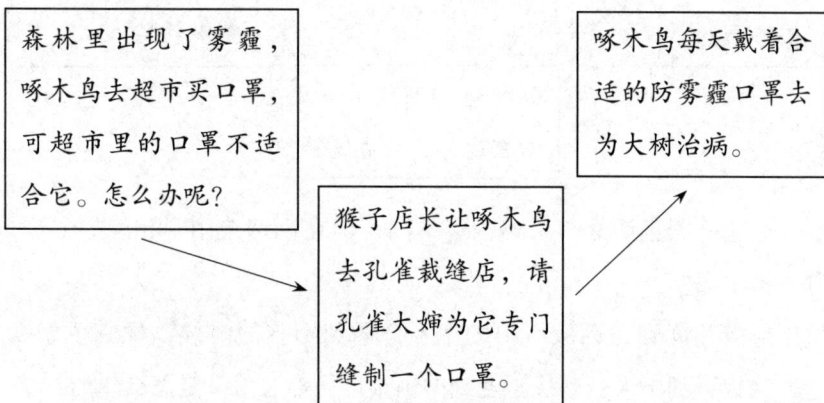

6.猴子店长真是个热心肠，当别人遇到困难，想尽办法去帮助别人。这就是一个完整的童话故事。一个完整的童话既包含人物、时间、地点，还包含事件。

（三）启迪智慧

1.在这个单元，我们阅读到了一个又一个精彩的童话故事，让我们一起来回忆回忆。

2.《在牛肚子里旅行》这则童话讲了一件什么事情呢?

课件出示：

红头被牛吞进肚子里，怎么办呢?

青头想尽办法帮助它逃生。

牛打喷嚏时，红头被喷了出来。

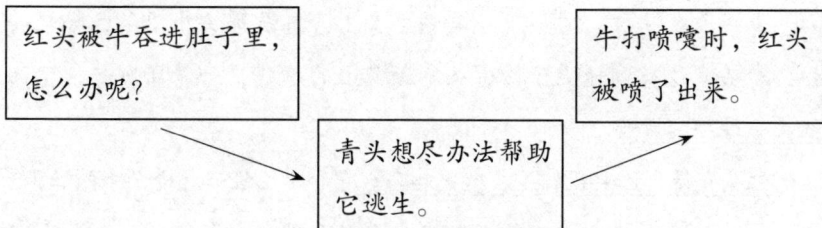

3.《一块奶酪》这则童话讲了一件什么事情呢?

课件出示：

蚂蚁们克服诱惑，搬运奶酪。

奶酪渣掉到地上，无心搬运，怎么办呢？

让年龄最小的蚂蚁吃掉奶酪渣后，大家继续搬运。

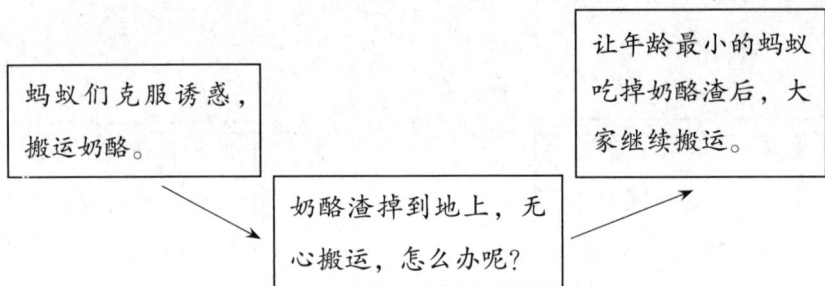

4.这三则童话故事虽然内容不同，但在创编上用了相同的方法，你发现了吗？

5.当你读到童话故事中的主人公遇到困难的时候，你心里怎么想？当你读到主人公解决了遇到的困难后，你心里又是怎么想的？

6.教师小结：童话故事中的主人公遇到了困难，一定会激起读者阅读的兴趣和对情节发展的期待。只有主人公想出的办法合情合理，才能让读者获得阅读的快乐。

（四）汲取写法

1.《在牛肚子里旅行》这则童话，想必大家都很喜欢，老师也喜欢。下面这段话把童话中的片段进行了修改，请与原文进行比较，你觉得哪个更好？

课件出示：

红头被牛一口吃了下去。

青头大吃一惊，它一下子蹦到牛身上，可是那头牛用尾巴轻轻一扫，青头就给摔到地上了。青头不顾身上的疼痛，一骨碌爬起来，让红头躲过牛的牙齿。

红头觉得自己要死掉了，就哭起来。它和草已经一起进了牛的肚子。

青头又跳到牛身上，隔着肚皮告诉红头别怕，牛肚子里一共有四个胃，前三个胃是贮藏食物的，只有第四个胃才是管消化的！牛休息的时候，它要把刚才吞进去的草重新送回嘴里，然后细嚼慢咽……青头鼓励红头一定要勇敢，一定能出来。

红头表达了感谢，它咬着牙不让自己失去知觉。

红头在牛肚子里随着草一起移动，从第一个胃到了第二个胃，又从第二个胃回到了牛嘴里。这一下，红头又看见了光亮。可是，它已经一动也不能动了。

这时，青头爬到牛鼻子上，用它的身体在牛鼻孔里蹭来蹭去。

牛打了一个喷嚏，红头随着一团草一下子给喷了出来。

2. 为什么要写人物的对话？

3. 教师小结：它们之间的对话，是当时真实存在的。写人物之间的对话，给读者以身临其境之感，让读者真切地感受到当时的氛围。

4. 你读一读书中的对话，想一想：通过它们之间的对话，青头几次为红头想办法？

5. 正是因为它们之间存在三次对话，红头才会得救。对话，推动了故事情节的发展。

（五）合作创编

1. 接下来，轮到大家创编故事了。你看，大屏幕出现了一些词语，可以选一个或几个人物，也可以添上喜欢的角色，再从时间、地点中分别挑选出一个，小组合作创编故事。当然，你们也可以选择课件中出现的以外的词语。小组成员一边讨论，一边填写学习单。

课件出示：

人物	时间	地点
国王	黄昏	厨房
玫瑰花	星期天	小河边
铅笔盒	深夜	魔法城堡
……	……	……

学习单

人物	时间	地点

习作提纲

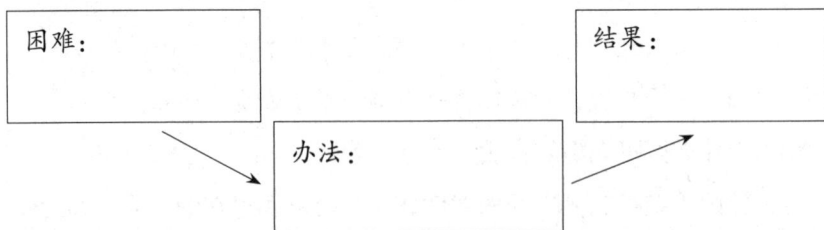

2.哪个小组进行汇报?

学生分享:

学习单

人物	时间	地点
蚂蚁	清晨	河边

习作提纲

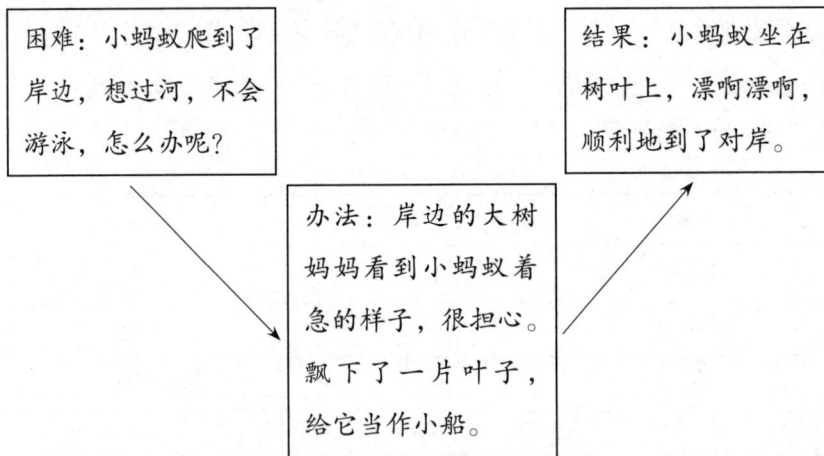

3.谁来点评一下？

4.教师小结：童话中，一定有鲜明的形象，有趣的故事，深刻的道理。在他们小组创编的童话故事中，着急的蚂蚁，热心的大树妈妈，人物形象多么鲜明；一片叶子就是一条小船，多么有意思；故事中还包含着一个道理：尽我们的努力去帮忙身边的每一个人。

5.如果请你来拟题，你会给这个童话故事起一个怎样的题目呢？

6.教师小结："热心的大树妈妈""小蚂蚁的船""蚂蚁过河"等，都是从故事的内容出发，选取具有鲜明形象的主人公为题目，或是以在故事中出现的重要事物为题目，或是以故事的主要内容为题目，这都是拟题的好方法。

（六）创编童话

同学们，让我们张开想象的翅膀，创编自己的童话故事吧。老师期待着成为你的第一位读者。

第二课时

（一）分享题目

1.童话，之所以受很多小朋友的青睐，是因为它的故事情节中不仅充满了丰富的想象，还蕴含着深刻的启示。同学们喜欢读童话，更喜欢创作童话。从大家创作的童话故事中，我读出了大家的智慧。

2.请你小声读一读这一个个有趣的题目，说说你最想听哪个童话故事？为什么呢？

课件出示：

《啄木鸟开诊所》	《房屋旅行记》	《小眼镜交朋友》
《小猴的魔法圈》	《100层公交车》	《果园里的争吵》
《小铅笔的不满》	《神奇的蜘蛛网》	《龟兔再赛》

3.教师小结：能够调动起大家阅读兴趣的题目，大多可以触摸到充满奇异的事物、内容。如此一来便深深吸引住了读者的眼球。

（二）分享童话

1.从众多童话中，我们挑选一篇，一起来欣赏欣赏，然后再请大家从三个方面评价评价。

课件出示：

评价标准	1.能创编一个完整的童话故事。
	2.采用"困难、办法、结局"的结构。
	3.能选用对话推进情节的发展。

2.这篇童话的题目叫《啄木鸟开诊所》。

课件出示：

啄木鸟开诊所

夏天到了，森林里的树木越来越茂盛了，一派生机勃勃的景象。小动物们开心地在树下玩耍着。

可是好景不长，不知为什么，许多树的叶子渐渐地枯黄了，有的甚至从枝干上纷纷飘落下来，疼得它们满头大汗。这可怎么办呢？

猴子说："我们得想办法救救它们啊！"

小猪说："要不我们去请位医生吧！"

小马说："医院在城市里，离我们这儿太远了！"

小动物们绞尽脑汁想办法。

"有了！我们赶快去找啄木鸟大婶，让她在森林里开个诊所，不就好了吗？"聪明的百灵鸟信心满满地说。

小动物们一听，立刻拍手叫好！

百灵鸟飞啊飞啊，"嘭！""嘭！""嘭！"啄木鸟大婶听到了敲门声，赶紧把门打开。百灵鸟说出了来意，啄木鸟大婶是位热心肠，觉得凭借自己的本领，可以帮助森林里的一草一木，便欣然接受了。

啄木鸟大婶戴上了小白帽，穿上了白大褂，跟随百灵鸟，去给生病了的大树看病。啄木鸟大婶围着大树转了又转，原来是树干里有了虫子。"咚!""咚!""咚!"啄木鸟二话不说，把尖尖的嘴巴伸进了大树的身体里。不一会儿的工夫，啄木鸟大婶就叼出了好几只虫子呢!大树立刻就不疼了。啄木鸟大婶从清晨一直忙到了傍晚，终于为一棵棵生了病的大树治好了病。

"啄木鸟大婶，您辛苦了!"小动物高兴地跳了起来。

"谢谢您，帮我们治好了病!"一片片树叶发出了哗啦哗啦的感谢声。

"不客气的!我就是咱们森林里的健康天使!一草一木生病了，尽管来找我!我愿意帮助大家!"啄木鸟一边说着，一边向诊所飞去。

3.依据评价标准，谁来评一评?

4.教师小结:森林中的树木遇到了困难，小动物善于开动脑筋，建议啄木鸟开诊所，生病了的大树都被治好了。多么富有想象力的童话故事啊!小作者通过对话推进了故事的发展。

(三) 修改童话

1.有位同学写了一篇童话，非常有意思的一篇童话，你来读一读其中的片段，然后谈谈你的感受。

课件出示:

学习单

胖墩墩的小猪哥哥在山顶准备了丰盛的新年午宴，蛋糕、肉脯、果干、水果、小灯笼……小动物们爱吃的都有。山顶可高了，小动物们想尽快赶到山顶参加聚会。

开动了家中的南瓜车，"你慢点啊!"小老鼠妈妈不停地提醒它。

"放心吧!妈妈!我的车技可好了。"小老鼠自信地回应。

围着盘山道，一圈，两圈，三圈……小老鼠开得可稳当了。

……

2.这个故事的片段的确很有意思！有的同学发现这个片段中有的地方需要修改，那就使用修改符号在学习单上进行修改吧。我们来认识三种修改符号：第一种是表示改正的符号；第二种是表示增补的符号；第三种是表示删除的符号。

3.请一位同学将修改后的片段读一读吧。

课件出示：

胖墩墩的小猪哥哥在山顶准备了丰盛的新年午宴，蛋糕、肉脯、果干、水果……小动物们爱吃的都有。山顶可高了，小动物们想尽快赶到山顶参加聚会。

小老鼠开动了家中的南瓜车，"你慢点啊！"小老鼠妈妈不停地提醒它。

"放心吧！妈妈！"我的车技可好了。

围着盘山道，一圈，两圈，三圈……小老鼠开得可稳当了。

……

4.猜想一下，如果是你，后面你会怎么写呢？大胆地发挥你的想象吧。

5.如果请你给这个故事起个名字，你会起什么呢？

（四）自读自改

1.通过对话，老师感受到了大家的智慧。发挥你的聪明才智，再来读一读你的习作，依照评价标准，自行修改吧。

2.让我们来分享你的成果吧。

3.当同学们将习作工整地誊抄到稿纸上之后，可以根据你的童话故事的内容，为它绘制几页插图，成为一个有意思的绘本故事。你可以把它读给你的好朋友听。

4.童话故事能开拓视野、启迪智慧，让人深深地喜欢上它。希望大家能常常走进童话的世界，多读一读，多写一写，让你们五彩的梦在童话中尽情展现，让你们美丽的童年在童话中更加绚烂。让我们在一则关于"童话"的故事中结束这堂习作课。

课件出示：

台湾大地震发生以来，电视上、报刊上不断涌现出愁云惨雾的画面和家破人亡的景象。这两天，台湾报上登了更多救出来的孩子和失去了爹娘的孩子的故事。星期天下午，台中的朋友在电话里说他在街上听说一个小女孩在大难中死了妈妈，有个好心人送了一只小猫陪她玩，她于是天天抱着小猫一边玩一边等妈妈回来。朋友在电话里突然没了声音，过了一阵才说："好不忍心哦！"……

晚上，我继续翻读郑尔康的书，翻到写郑振铎编《儿童世界》的一章，居然录了一首郑振铎写的小诗《小猫》，说是还经许地山谱了曲。我非常惦念台中那个小女孩，深夜把那首儿歌抄下来寄给朋友，希望他能找到那个小女孩送给她：

小猫，小猫，

雪白的毛，

你真是快活呀，

一天到晚的在地上打滚到处乱跑，

来吧小猫

不要再闹了，

跑到我这里来，

给我抱抱。

童话永远是医治伤痛的良药。不开心的时刻，只要静静回忆儿时读过的童话，温馨的情景历历都在眼前，心中的乌云会慢慢消散。

——摘自董桥的《心中的石榴又红了》

八、佳作分享

啄木鸟的心愿

天津市南开区中营小学　王晨溪

清晨，天空那么蓝，那么高。森林里到处是一片生机勃勃的景象。露珠在荷叶上伸着懒腰，花草在随风舞蹈，啄木鸟在树上唱歌。

突然有一天，啄木鸟醒来，发现周围被一片浓雾笼罩，树叶飘落，花儿枯萎，河流干涸……正在啄木鸟伤心之时，一只小鸟飞来说："听说在远方有一朵神奇的玫瑰花，能帮你实现心愿。"于是啄木鸟出发了。

啄木鸟飞呀飞，飞到了沙漠。它口渴了，可沙漠里又干又热，根本找不到水源。啄木鸟口渴难耐，倒在地上。这时，仙人掌走过来说："啄木鸟，我这里有水，分你一半。"啄木鸟说："谢谢仙人掌，我要去寻找玫瑰花了。"仙人掌急忙拉住它："玫瑰花距离这里还有好远的路呢，别去了。""不，我不怕。"说完它就飞走了。

啄木鸟飞呀飞，来到了大草原，它已经好几天没有吃饭了。啄木鸟饿极了，落在了一棵杨树的树杈上，找虫子吃。可是正值寒冬，它一只虫子都没有找到，伤心极了。这时，一只小松鼠跳过来说："啄木鸟别伤心了，我这里有食物分给你。""谢谢，吃完我要去找玫瑰花了。"啄木鸟笑着说。小松鼠劝它说："别去啦，太远了，你飞不到的。""不，我不怕，我一定会飞到的。"说完它又飞走了。

它飞呀飞，飞过一座座高山，一条条大河……在它不断努力坚持下，终于找到了神奇的玫瑰花。它凝视着玫瑰花，默默地说出了自己的心愿。它的愿望真的实现了！森林又恢复了往日的生机，明媚的阳光下，花草绽开了笑脸，小河快活地流淌，啄木鸟又站在枝头快乐地唱歌了。

第四单元 续写故事

一、教材分析

第四单元是阅读策略单元：猜测与推想，使我们的阅读之旅充满了乐趣。

习作内容：续写故事。

本单元的习作要求是：尝试续编故事。

这次习作内容鼓励学生看图发挥想象，依据插图和泡泡提示的线索，结合自己的生活经验，对故事的发展做出合理、多元的推想，从而把故事写完。习作完成后，教师鼓励学生"小声读一遍，用学过的修改符号把有明显错误的地方改过来"，培养学生养成修改习作的好习惯。

这次习作，教师引领学生习得方法——从多角度帮助自己进行合理预测。

二、教学目标

1.能根据插图和提示，推想故事的发展和结局，续写故事，把故事写完整。

2.能运用改正、增补、删除的修改符号，修改有明显错误的内容。

3.积极和同伴分享自己的习作，互评续写的故事。

三、教学重点

引领学生观察插图，运用预测的方法预测故事的发展和结局，把故事写完整。

四、教学难点

鼓励学生和同伴分享自己的习作，互评续写的故事。

五、教学准备

教师：

制作课件。

印制学习单，课前发给学生。

学生：

四人为一小组，推选小组长。

六、教学时间

2课时

七、教学过程

第一课时

（一）出示图片，观察图片

1.同学们，我们走进了第四单元，这一单元是阅读策略单元：猜测与推想。我们在猜测与推想中，度过了一场愉悦的阅读之旅。我们在今天的习作课上，依然要伴随着猜测与推想，跟我一起来看图。

2.仔细地读一读图，你发现了什么？（左下角出现了顺序点；展现出了人物的语言，第四幅图是让我们猜测的……）

3.同学们的发现真不少！在阅读多幅图片时，先要确定好观察顺序，有时每幅图的左下角标注顺序点，有时标注数字。

4.图中有几位小同学，哪几位是主要人物？哪些是次要人物呢？你确定的依据是什么？

5.有的同学注意到在人物的语言中出现了"李晓明"这个名字，他会是谁呢？

6.你能给其他几位主要人物分别起名字吗？取名字是很有学问的，每个人的名字都有一段故事呢！一定要与"李晓明"相一致，有名，还要有姓。

7.那些次要人物没有起名字，怎么称呼他们呢？

8.教师小结：同学们，观察图片时，首先要分清图片顺序；其次要确定人物主次；再次给主要人物取名。这样才算是为观察后的表达做好了准备。

（二）细细点拨，练习表达

1.屏幕上出现了三幅图，你一一阅读后，用"什么时间，谁在什么地方干什么"的句式来说一说图上的内容。如果这三幅图是发生在同一时间，同一地点，当我们介绍第二幅、第三幅图时，可以省略

"时间""地点"。

2.学生分享：

午休的时候，同学们围坐在一起，听张红和王松谈论过生日。

李晓明一个人闷闷不乐地回到了自己的座位。

……

3.在表达图画内容时，可以讲"泡泡"中的内容，让人物的语言走进你的表达中，让表达更完整。自己练习之后，我们一起来分享。

4.学生分享：

午休的时候，同学们围坐在一起谈论起自己的生日。张红说："我上个星期过九岁生日，妈妈给我买了一个很大的生日蛋糕。"王松说："我也刚刚过了九岁生日，生日那天是我们全家人一起过的。"

李晓明一个人闷闷不乐地回到了自己的座位，自言自语道："我也快过生日了，但是爸爸妈妈都在外地工作……"

……

5.再来观察图片，看看每幅图中有没有漏掉的细节？

6.同学们真是火眼金睛，第一幅图中，同学们的脸上都露出了灿烂的微笑，只有李晓明闷闷不乐；第二幅图中，李晓明的眼圈红红的……你能不能把你们捕捉到的这些细节，再次送进句子中，让表达更生动。

7.学生分享：

午休的时候，同学们围坐在一起谈论起自己的生日。张红说："我上个星期过九岁生日，妈妈给我买了一个很大的生日蛋糕。"王松说："我也刚刚过了九岁生日，生日那天是我们全家人一起过的。"同学们听了，嘴角露出了一丝甜甜的微笑。可是，李晓明却高兴不起来。

李晓明一个人闷闷不乐地回到了自己的座位，自言自语道："我也快过生日了，但是爸爸妈妈都在外地工作……"他的眼圈渐渐地红了。

……

8.你能不能将这三幅图的内容连在一起表达呢？自己练习后，和大家一起分享。

9.这次习作的要求是"续写故事"，从哪幅图开始才是续写的部分？你觉得"续写故事"最重要的部分应该是哪幅图？

10.那么，习作的开头能不能简练一些，压缩为三句话？

（三）回顾课文，温习方法

1.你还记得在学习《总也倒不了的老屋》时，我们学到了一些预测的方法。翻开第12课，回顾这篇课文，哪种预测方法让你印象深刻？

课件出示：

"等等，老屋！"一个小小的声音在它门前响起，"再过一个晚上，行吗？今天晚上有暴风雨，我找不到一个安心睡觉的地方。"

2.当你读到这段话时，面对小猫的恳求，老屋会倒下去吗？为什么？

3.教师小结：同学们真会思考！从文章的题目、插图，到文章内容里的一些线索，以及生活经验，帮助自己进行合理预测。让我们更加深刻地感受到这座老屋的仁爱之心，同时也让我感受到你们那颗善良的童心，我深深地被你们的爱心打动了。这样的爱可以延续到我们的现实生活中来吗？

（四）再读图片，合理预测

1.这堂课上，我们已经阅读了故事的起因，继续预测故事的经过。如果你是张红或王松，你会怎样帮助李晓明过生日呢？拿出学习单，在小组长的带领下讨论讨论。

课件出示：

学习单	
预测时间	
预测地点	
预测方式	
预测效果	

2.哪组同学代表向大家汇报你们的成果？

3.学生分享：

学习单	
预测时间	在李晓明生日那天放学前。
预测地点	在教室里。
预测方式	教室前面的屏幕上出现了"李晓明生日快乐"七个字，耳边听到了熟悉的"生日歌"。老师送给李晓明一本绘本书，还写下了寄语；同学们每人叠了一颗小星星，纷纷把它放进了星星型的塑料瓶里。
预测效果	李晓明充满感激地对大家说："谢谢老师和同学们，这是我过的最快乐的一个生日了。"

4.在预测方式上，还有没有更特别的呢？

5.吃蛋糕、送祝福、唱生日歌、看爸爸妈妈的祝福视频……同学们结合图片、文字中的线索、生活经验和心中的想法进行了合理的预测，让故事内容多姿多彩。

（五）小组合作，梳理线索

1.要想写好这个故事，在准备习作前，我们还要列一个小小的提纲，你觉得李晓明会过一个怎样的生日呢？把你们可能要做的事情用关键词的形式写下来。各组同学在小组长的带领下，完成学习单。

课件出示：

学习单	
提纲	＿＿＿＿＿＿＿（时间）——＿＿＿（地点）——＿＿＿ ＿＿＿＿＿＿＿＿＿＿＿＿＿＿＿＿＿＿＿＿＿＿＿＿ ＿＿＿（感受）

2.学生分享：

学习单	
提纲	晓明生日那天（时间）——教室（地点）——放生日歌 ——表达祝福——无人机传递生日礼物——吹蜡烛、吃 蛋糕（感受）

3.要想吸引读者的目光，就要开动脑筋给这篇习作拟一个吸引人的题目，你会怎样拟题呢？

4.题目要围绕着关键事件来拟，这样读者一读题目，就了解了文章的内容。

5.让美丽的故事之花在你们的笔尖下继续绽放吧，在写的时候，可以用上你平时积累的好词好句。

第二课时

（一）再次温习修改符号

1.同学们，当你完成这篇习作以后，有哪些同学小声地读了这篇习作，并用学过的修改符号把有明显错误的地方改正过来？

2.这是一个非常好的习惯：读中修改。俗话说：文章不厌百回改。

3.当我们修改习作的时候，你会用到哪些修改符号呢？

4.教师小结：增补符号就像一颗螺丝钉，挤进了句子中；改正符号就像一把小铲子，铲掉了用错的词语，又带来了需要替换的词语；删除符号就像一根绳子把删除的词语捆扎起来扔掉。

（二）反复朗读，尝试修改

1.你看，大屏幕上出现了三个有问题的句子，你能用修改符号进行修改吗？

课件出示：

（1）教室里立刻响起了热情的掌声。

（2）慢慢地拿起塑料刀，将漂亮的生日蛋糕分成了若干份。

（3）同学们自发地从家里带来了彩带、气球、拉花、糖果等布置教室的物品。

2.谁来和大家分享？

3.如果一段话中，有的地方需要修改，你能用火眼金睛把它们找出来，再用修改符号修改吗？

课件出示：

体育课下课了，李晓明轻轻地推开教室门，缓缓地走近了教室。谁知，同学们早已在教室里拉上了窗帘。黑板四周亮起了五颜六色颜色各异的小灯泡，时隐时现，像走进了童话的世界。就在李晓明感到十分疑惑的时候，教室里响起了那快乐的旋律——祝你生日快乐……老师从教室后面推来了一辆餐车，上面是一个三层的生日蛋糕，慢慢地向李晓明走去。不约而同地和着音乐拍起了手，个个脸上洋溢着灿烂的笑容。

4.谁来分享？

5.请大家小声地读一读修改后的段落。

课件出示：

体育课下课了，李晓明轻轻地推开教室门，缓缓地走进了教室。谁知，同学们早已在教室里拉上了窗帘。黑板四周亮起了五颜六色的小灯泡，时隐时现，像走进了童话的世界。就在李晓明感到十分疑惑的时候，教室里响起了那快乐的旋律——祝你生日快乐……老师从教室后面推来了一辆餐车，上面是一个三层的生日蛋糕，慢慢地向李晓明走去。同学们不约而同地和着音乐拍起了手，个个脸上洋溢着灿烂的笑容。

（三）相互合作，提升能力

1.大家对这三种修改符号已经非常熟悉了，运用这三种修改符号修改自己的习作吧。

2.谁来汇报一下？你读到哪些句子时，发现有问题？你又是如何修改的？

3.在自读自改的基础上，同桌同学合作学习，依据评价标准，互评互改。

课件出示：

评价标准	1.预测合理，想象丰富。
	2.依照提纲，表达清楚。
	3.围绕事件，自拟题目。

4.同桌两个同学都评改完了，可以相互交流一下，把你的意见讲给你的同桌听。

5.集体交流：你可以和大家分享这篇习作中哪些地方最令你欣赏？还可以将令你欣赏的部分读给大家听一听。

6.教师随机采访：这位同学所念的同桌的习作，内容多么丰富！请这篇习作的小作者给大家谈谈：你能和我们分享一下你列的提纲吗？

7.习作完成得好是因为列提纲时就进行了深思熟虑。你知道古人写作的时候要列提纲吗？我们来分享一个古人写作的故事。

记得有一位诗人，叫王勃，是"初唐四杰"之一。"海内存知己，天涯若比邻"，这千古名句就是出自王勃的笔下。

他走到哪里，声誉就跟到哪里。王勃所到之处，都有人请他写文章，作为润笔的钱物绸缎积累了很多。对他来说，这真是件无可奈何的事情。他不贪财，不愿意接受礼物，可是真的不收，又得罪了对方，对方会认为他看不起人，不懂人情世故。

好在他写出来的文章如精金美玉一般，其价值远远超过一点钱财礼物。据史书记载，王勃写文章时有个习惯，往往在构思之前先磨墨数升，拿被子盖住脸躺着，一旦灵感来了，他就突然起来，一挥而就，从不更改。当时人们说他是在腹中打好了草稿。

8.你觉得"打腹稿"与"列提纲"之间有联系吗？

9."打腹稿"就是在自己的心里列下了写作提纲。同学们年龄小，可以把习作的提纲列在纸上。以后，长大了，可以像作家那样"打腹稿"。

10.最令同学欣赏的，正是大家预测的内容，也是图片中的空白，有兴趣的同学可以用画笔把第四幅图画下来，这将是一件多么有意义的事情啊！

（四）持之以恒，预测未来

同学们，我们凭借预测完成了续写故事。其实，预测不仅可以运用在阅读和写作中，在生活的方方面面，我们都用得上预测的方法，比如我们看动画片的时候，可以根据故事的情节预测结局；再比如，根据花儿的状态，预测花儿会在哪天绽放；甚至可以根据雨点的大小，预测雨下多长时间会停……预测会让我们的生活变得更加多姿多彩！

八、佳作分享

特别的生日

下课了，张红和王松饶有兴致地谈论起了自己的生日。同学们看他们谈论得很热烈，纷纷围了过来。可是，李晓明从他们身边走过却闷闷不乐。原来，他也快过生日了，他的爸爸妈妈都在外地工作。

张红和王松看到了李晓明脸上的"乌云"，张红悄悄对王松说："李晓明听了我们的聊天，他好像很伤心。"

"是啊！明天就是李晓明的生日，我们给他过一个特别的生日，怎么样？"王松提议道。

"好啊！"

第二天放学时，同学们收拾好了书包，安静地坐在了座位上。班长李红走上了讲台，高兴地喊："一、二、三……"同学们异口同声地说："李晓明，生日快乐！"每位同学从书箱里拿出了自己精心准备的生日礼物——一支铅笔、一块彩色橡皮、一只小纸鹤、一张漂亮的贴纸……教室里响起了快乐的歌——"祝你生日快乐……"我们的班主任也为李晓明准备了一份礼物，她轻轻地打开包装盒，一本精彩的童话书呈现在了大家的面前。李晓明双手接过这本书，脸上写满了喜悦。

这是李晓明最快乐的一天，也是他过得最特别、最快乐的生日。

第五单元　我们眼中的缤纷世界

一、教材分析

第五单元是习作单元：观察。

习作内容：我们眼中的缤纷世界。

本单元的习作要求是：仔细观察，把观察所得写下来。

教材中为学生呈现了三幅插图。这三幅插图从不同的角度提示学生可以观察的对象，激发学生仔细观察周围事物和场景的愿望，进一步拓宽学生习作的选材思路。这次习作的任务是把最近观察时印象最深的一种事物或一处场景写下来。学生完成习作后，教师鼓励学生展示自己完成的习作，和同学交流观察所得。

这次习作，教师引领学生习得方法——运用多种感官细致地观察；观察时要注意事物的变化。

二、教学目标

1.能了解作者是怎样观察的，进一步体会作者观察的细致。

2.能继续仔细观察一种动物、植物或一处场景，把观察所得写下来。

3.能展示观察所得，与同伴分享自己的观察感受。

三、教学重点

能够调动自己多种感官细致地观察，可以展开适当的想象，让内容更加充实。

四、教学难点

观察时要注意事物的变化，表达时把事物的变化写清楚。

五、教学准备

教师：

制作课件。

印制习作预习单、学习单，课前发给学生。

学生：

四人为一小组，推选小组长。

预习：观察身边感兴趣的事物，填写习作预习单。

六、教学时间

2课时

七、教学过程

第一课时

（一）激趣导入

1.法国的雕塑家罗丹说过：生活中不缺少美，只是缺少发现美的眼睛。正如诗歌中描绘的山乡古镇、亭亭玉立的荷花、散发着浓浓墨香的读书廊，只要你留心观察，去追踪发现，处处都有最美的风景、最好的素材。

2.今天就让我们一起走进缤纷的世界，来发现身边的美吧！

（二）分享发现

1.一段时间以来，同学们留心观察了身边的一种事物或是一处场景，观察过后，还填写了"习作预习单"。我们一起来交流：你观察了什么呢？

课件出示：

习作预习单	
观察时间	
观察地点	
观察对象	
我的发现	

2.在观察的时候，哪些好帮手帮助你获取了发现呢？

3.教师小结：在观察中，你的小帮手眼睛帮你去看，耳朵帮你去听，鼻子帮你去闻，嘴巴帮你去尝，手帮你去摸；你的大帮手大脑帮你去思考，去想象。这些好帮手多么了不起啊！

4.这些好帮手帮助你获取了哪些发现呢？谁来和大家分享一下？

5.当我阅读大家的预习单时，了解到有位同学发现了一种奇妙的现象，想不想读一读呢？

课件出示：

含羞草的叶子翠绿翠绿的，中间有一根叶梗，两边有成对的细密排列的叶齿，犹如一把把铁扇公主的芭蕉扇。更神奇的是，当我无意间触碰到它，叶子一下子合拢起来，真像是一位害羞的小姑娘。过了一会儿，它的叶子竟然又慢慢地舒展开了。多么神奇啊！

6.哪些语句让你感受到了小作者观察得细致？

7.教师小结：只有观察细致，才能表达具体。运用多种感官去观察，就可以获取更多的发现。

（三）汲取智慧

1.这堂习作课上，我们根据同学们的观察记录完成一篇习作。要想写好这篇习作，我们可以从习作例文中汲取智慧。习作例文就是习作的范例，我们可以从中汲取表达的智慧。

2.翻开语文书，让我们小声地读一读第一篇习作例文《我家的小狗》，经过仔细地观察，作者发现了小狗的淘气可爱。把你觉得它淘气可爱的部分找出来并和同学交流交流。

3.很多同学都认为这段话最能表现它的淘气可爱。小声地读一读这段话。

课件出示：

我知道"王子"想去那儿干什么，它喜欢同火车赛跑。每次都是它输，可它从不在乎。每当有火车开过来，"王子"都以为能跑赢它。等到跑不动了，它便冲着远去的火车汪汪叫上几声，不知是允许火车开走呢，还是骂了火车一顿。

4.作者通过一件有趣的事情，表现出了小狗的淘气可爱。你能说说是哪件事吗？

5.你在读描写这件趣事的文字时，读到哪句话，你笑出了声？

6."不知是允许火车开走呢，还是骂了火车一顿"这是小狗亲口告诉作者的吗？

7.自己再读一读最后一句话，想一想：作者听到了什么，想到了什么？

8.教师小结：作者将听到的与想到的结合在了一起写。作者笔下的小狗多么淘气可爱，通过"写趣事""写想象"，把这份淘气可爱表现得淋漓尽致。

9.当我们阅读了《我爱故乡的杨梅》，又会获得哪些表达的智慧呢？小声地读一读这篇例文，填写下面的表格。

课件出示：

杨梅	特点
外形	
颜色	
味道	

10.谁来汇报？

11.你再细细地读一读描写杨梅的"外形""颜色""味道"的句子，你能发现它们之间的共同点吗？

课件出示：

外形：

等杨梅渐渐长熟

杨梅遍身生着小刺 ————————————→ 刺也渐渐软了，平了颜色：

随后变成深红

杨梅先是淡红的 ——————————————→ 最后几乎变成黑的了

味道：

慢慢地

没有熟透的杨梅又酸又甜 ——————————→ 熟透了就甜津津的

12.作者观察细致，所以表达才细致。作者用笔下的文字刻画出了杨梅"外形""颜色""味道"的变化，"写变化"让表达更加具体。

13.我们阅读了两篇习作例文——描写动物和植物的，汲取了"写趣事""写想象""写变化"三个表达的妙招。对于写场景的文章，比如《金色的草地》，文章中也隐藏了这些表达妙招了吗？翻开书，你来读一读《金色的草地》，一边读一边思考。

14.谁来汇报？

学生分享：

作者在《金色的草地》一文中，也选用了"写趣事"的表达妙招，讲述了他们在草地上快乐地吹蒲公英的趣事。我仿佛都能听到他们爽朗的笑声。

在《金色的草地》中，作者观察很细致，发现了草地颜色的变化，还发现了蒲公英花瓣的变化，正是因为作者"写变化"，让我很有兴趣阅读这篇课文。

……

15.教师小结：无论是写身边的事物，还是写场景，都可以运用从文章中习得的表达妙招，让表达更具体、更清楚。

（四）自由表达

同学们，生活是美好的，身边的一种事物，或是一处场景，都值得我们去细心观察，细细品味。让我们运用习得的表达妙招，用具体的文字去介绍给你留下深刻印象的一种事物或一处场景吧。

分享，是一件快乐且有意义的事情。

第二课时

（一）走进多彩世界

1.上节课，我们从习作例文中习得了三个表达妙招——写趣事，写想象，写变化。同学们运用这三个妙招，把最近观察时印象最深的一种事物或一处场景写下来。让我们一起看一看，哪些内容成为了同学笔下的素材。

课件出示：

我们眼中的缤纷世界	
类别	**内容**
动物	鹦鹉、小乌龟、热带鱼、蜗牛、猫、小狗、小仓鼠、京巴狗……
植物	杨树、白蜡树、枣树、无花果树、文竹、绿萝、虎刺、含羞草……
场景	图书馆、海河、摩天轮、秋天的公园、道路旁的书报亭……

2.阅读了大家笔下的素材，你有什么感受？

3.教师小结：一草一木，一鸟一虫，一石一景，让我们的生活变得缤纷多彩。这么多美好的事物和场景，用优美的文字把它们记录下来，将美好传递给身边更多的人。

（二）欣赏佳句

1.我阅读了大家完成的习作，有一些段落，我读过之后，就把它们悄悄地记录了下来，并且很愿意和你们分享，让我们一起来读读吧。

课件出示：

蜗牛，天天背着一个硬硬的薄壳，就像是背着一座大房子。蜗牛有两对触角，一对长，一对短。只要我轻轻一碰，它就害怕了，身体紧缩成一团，马上钻进"大房子"里。我蹲在一旁，耐心地看着，好一会儿才小心翼翼地探出小脑袋，紧张地四处张望。它真是个胆小的家伙！

2.读了这段话，你最喜欢哪一句？为什么？

3.在这段话中，小作者运用了哪些表达妙招呢？

4.再来读读这段话，你喜欢哪些句子？说说你的理由。

白蜡树的树干并不是很粗，我伸出双臂，就能把它抱住。我靠近它，竟然发现它的树干上出现了一道又一道的凹痕，密密麻麻，数也数不清。哈哈！这多像一个迷宫啊！嘿！小蜗牛，你在这迷宫里找到出口了吗？

5.小作者运用了哪些表达妙招呢？

6.教师小结：运用了表达妙招，让笔下的句子更加具体而生动。

7.课前，我与这两位小作者聊了聊，我问他们为什么能写得如此具体、生动。他们回答我，在下笔成文之前，经历了好几次的观察，每次都把观察到的发现记录在了本子上，当下笔成文时，就轻松了。看来，连续的观察可以让我们获得丰富的素材。

（三）习作升格

1.有一位同学写的是家乡的一处美景——海河，这段话中有几个地方还要再修改修改，你能当一回小小的啄木鸟替他给这段话"捉虫"吗？一定要使用修改符号。

课件出示：

每当海河两岸的灯亮起来时，岸边的建筑犹如童画世界的城堡一般。一个个游船在河面上缓缓史过，船上的人热情地向我们招手。漫步于岸边，我仿佛置身于美丽的画卷之中。

2.谁来汇报？

3.让我们读一读修改后的这段话。

课件出示：

每当海河两岸的灯亮起来时，岸边的建筑犹如童话世界的城堡一般。一条条游船在河面上缓缓驶过，船上的人热情地向我们招手。漫步于岸边，我仿佛置身于美丽的画卷之中。

4.围绕着"海河"这处场景，除了写"夜晚的海河"之外，还可以写些什么呢？小组成员，可以讨论讨论。

课件出示：

学习单	
《＿＿＿＿＿》	
开头	
过程	1.
	2.夜晚的海河：灯亮了，游船在河面上行驶……
结尾	

5.哪个小组来分享？

6.有的同学提出：可以写白天的海河，海鸥在海河的上空盘旋，岸边有人在钓鱼，游泳爱好者在河里游泳……这样一来，就凸显了海河的变化——昼动夜静。白天，一派热闹的景象；夜晚，渐渐地沉静了下来。如果再有一些趣事添进习作中，就更好了。

7.如果请你给这篇习作拟个题目，你会怎么拟？

8.教师小结：题目，就是内容的概括。读者读了这篇习作的题目，就能猜到这篇习作的内容。

（四）修改习作

1."小小啄木鸟"，请铺开你的习作，为你的习作细细"捉虫"吧。这个"虫"可能是错字，不恰当的词语，或是不通顺的句子。一定要运用修改符号进行修改。

2.有的同学已经修改完了，有没有不通顺的句子被你"捉到"了？谁来和大家分享？

学生分享：

原句：

秋风轻轻一吹，一片片杨树的叶子落下来像空中的蝴蝶在快乐的飞舞。

修改：

秋风轻轻一吹，一片片杨树的叶子，纷纷落下来，像蝴蝶在空中快乐地飞舞。

3.教师小结：这位同学修改得真好！他为我们提供了修改不通顺句子的妙招：把长句变成短句。

4.请你将自己修改后的习作读给你的同桌听，另一位同学听完评价一下，哪部分内容写得好，好在哪儿？然后，两位同学再互换。

5.能不能将同学最欣赏的那部分内容读给大家听一听？

6.谁来评一评？

7.教师小结：同学朗读自己的习作，这是绝好的学习机会，有的同学还打开了摘记本，把同学念到的好词佳句记录在本子上，真是会学习的学生。

（五）整理习作

还记得我们学习这一单元时，一起朗读法国人罗丹说过的那句话吗？在这一单元即将结束之时，让我们再一次重温罗丹的那句话：生活中不缺少美，只是缺少发现美的眼睛。让我们工整地将修改后的习作誊抄在稿纸上，留下生活中的美好。

八、佳作分享

窗外的杨树

我喜欢白杨树，教室的窗外就有几棵白杨树。

窗外的杨树格外高大，站在树下，我仰头向上望：哇，有三层楼那么高啊！树上的叶子已经不那么碧绿，渐渐地变黄了。秋风轻轻地吹，满树的叶子哗啦哗啦地唱起了欢乐的歌。有的叶子好顽皮啊，离开了又细又长的枝条，在空中自由自在地飞舞。有的落在了房檐上，有的落在了窗台上，有的落到了大树的脚下。

下课了，我们几个小伙伴跑到了杨树下，拣拾起自己心仪的老根。我们手持自己认为最好的老根，彼此拔啊拔啊，有的拔断了，再去找寻新的老根。拔老根，就成为了我们课间最喜欢的游戏。

"铃——铃——"放学了，一天的学习结束了，我们回家了。这时，外出玩耍的喜鹊飞回来了。树梢，还有两个鸟窝，那是花喜鹊的家。

第六单元 这儿真美

一、教材分析

第六单元的主题是：祖国河山。

习作内容：这儿真美。

本单元的习作要求是：习作的时候，试着围绕一个意思写。

在这一单元习作的学习中，教师可以鼓励学生与大家分享自己拍下的美景的照片，激发学生仔细观察周围美景的愿望，为学生习作开拓思路。教师要引领学生在习作时，运用从课文中习得的写法。习作完成后，指导学生自读习作，改正错别字，修改不通顺的句子。

这次习作，教师引领学生习得方法——围绕着一个意思写。

二、教学目标

1.能仔细观察一处景物，围绕一个意思用一段话写下来。

2.能够主动运用平时积累的描写景物的词语，使表达更富有感染力。

3.能自己改正错别字，并乐于和同伴分享观察到的美景。

三、教学重点

能仔细观察一处景物，围绕一个意思用一段话写清楚。

四、教学难点

能对自己的习作进行简单修改，初步养成修改错别字和不通顺句子的习惯。

五、教学准备

教师：

制作课件。

印制习作预习单，课前发给学生。

学生：

四人为一小组，推选小组长。

六、教学时间

2课时

七、教学过程

第一课时

（一）温故知新

1.同学们，在这一单元的学习中，我们跟随作者一起游览了很多美丽的地方，你还记得我们都游览了哪里吗？

2.是啊！我们的祖国，幅员辽阔，物产丰富，经过大自然千百万年的雕琢，构成了一幅绚丽多彩的画卷。这节课，我们也来学习介绍一处景物。

3.课前，同学们进行了预习，观察了身边的美景。有的同学还把美景拍摄了下来。让我们一起来欣赏吧。

课件出示：

<table>
<tr><td colspan="3" align="center">这儿真美
（我的观察记录卡）</td></tr>
<tr><td>观察的地方</td><td>有些什么</td><td>是什么样子的</td></tr>
<tr><td></td><td></td><td></td></tr>
<tr><td>拍摄照片</td><td></td><td></td></tr>
</table>

（二）学习表达

1.如何用优美的文字将美丽的景色描绘下来呢？我们可以从课文中借智慧。当我们学习《富饶的西沙群岛》《海滨小城》时，文中很多段落都采用了相同的表达方法，你还记得吗？

2.你快速翻开语文书，找一找，哪些段落采用了"围绕一个意思写"的表达方法？给大家读一读，然后说一说，它是围绕哪句话写的？

3.很多同学都找到了这段话，让我们一起读一读。

课件出示：

西沙群岛也是鸟的天下。岛上有一片片茂密的树林，树林里栖息着各种海鸟。遍地都是鸟蛋。树下堆积着一层厚厚的鸟粪，这是非常宝贵的肥料。

4.这段话是围绕哪句话来写的？写了些什么？分别是什么样子的？

课件出示：

围绕一个意思写	有些什么	是什么样子的

5.这段话围绕"西沙群岛也是鸟的天下"这一个意思，不仅写出了这里有什么，还突出了它们是什么样子的。

6.《美丽的小兴安岭》一课中，为我们描写了四季不同的美景。再来欣赏欣赏春天的景色吧。

课件出示：

春天，树木抽出新的枝条，长出嫩绿的叶子。山上的积雪融化了，雪水汇成小溪，淙淙地流着。溪里涨满了春水。小鹿在溪边散步，它们有的俯下身子喝水，有的侧着脑袋欣赏自己映在水里的影子。

7.这段话写了些什么？分别是什么样子的？

围绕一个意思写	有些什么	是什么样子的
？	树木	抽出枝条，长出叶子
	积雪	融化
	小溪	淙淙地流着，涨满春水
	小鹿	散步，喝水，欣赏影子

8.这段话是围绕哪个意思写的？你能在这段话的最前面添一句总起的句子吗？

学生分享：

春天，小兴安岭一切欣欣然的样子。

春天，小兴安岭万物复苏。

春天，小兴安岭焕发出了勃勃生机。

9.教师小结："围绕一个意思写"，不仅可以写那个地方有些什么，还要写出各种景物是什么样子的。即便是作者不写"春天，小兴安岭一切欣欣然的样子"，但是读者根据作者描绘的景物，就能自然读出作者是围绕着"春天，小兴安岭一切欣欣然的样子"这个意思来写的，这样含蓄的表达更加精妙。

（三）牛刀小试

1.让我们试着运用从课文中学习到的方法，围绕一个意思写，完成一个片段。

课件出示：

操场后面的小花园真美……

秋天的树林就像一幅色彩斑斓的图画……

一到池塘边，我就被眼前的景色吸引住了……

2."省略号"省略了什么呢？

3.发挥你的想象，把省略的内容补充完整吧。想一想：那个地方会有些什么，是什么样子的。选择一个句子来补充。

4.谁愿意分享？

学生分享：

秋天的树林就像一幅色彩斑斓的图画。枫树的叶子红彤彤的，红得鲜艳，红得漂亮，像一个个美丽的五角星，又像小朋友红润的手掌。银杏树上挂满了又圆又大的银杏果，一根根树枝都被压弯了腰。松树好像枯萎了，悲伤地低下了头。

5.听了同学的分享，请你来评一评：是否在围绕一个意思写，是否写清楚了那个地方有些什么，是什么样子的。

6.有同学认为"松树好像枯萎了，悲伤地低下了头"没有围绕"秋天的树林就像一幅色彩斑斓的图画"这个意思写，你能帮他修改修改吗？

7.学生分享：

松树的叶子碧绿碧绿的，像绣花针一样密密麻麻，凉爽的秋风轻轻地一吹，就像小鸟的翅膀在快活地抖动。

当许多树开始掉叶子的时候，松树却迎着秋风始终微笑着。深绿色的叶子，向四周舒展，多么富有生机。

一棵棵松树高大笔直，像一把把合上的大伞，即便已经到了深秋，它们依然翠绿。

……

8.教师小结：围绕着一个意思写，就是每句话都要表达这个意思。你再来读一读你笔下的文字，看看是否做到了这一点。

（四）锦上添花

1.如何让你笔下的句子更优美呢？老师送给大家一个锦囊妙计：可以用上这学期新学的词语。

课件出示：

盛开　飞舞　狂欢　闪闪发光

漂亮　优美　明朗　静悄悄

粗壮　香甜　清凉　亮晶晶

2.你能给它们分分类吗？

课件出示：

积累好词佳句	
看到的	
听到的	
摸到的	
闻到的	
尝到的	
感到的	

3.你平时在读课文，或是读课外书时，也可以这样分类积累好词佳句。习作的时候，把自己积累的好词佳句运用到习作中，笔下的句子一定会吸引读者。

（五）下笔成文

1.法国著名作家巴尔扎克仅仅对一个街道的描写，就能写出一两万字，可见他的观察能力有多强，观察得有多么仔细。

2.课余时间，如果条件允许，同学们可以在爸爸妈妈的带领下，再次仔细地观察身边的美景，看看那个地方有些什么，是什么样子的，完成一篇习作。

第二课时

（一）激发表达

1.上节课，我们不仅欣赏到了许多美丽的风景，还学到了描写景物的方法，那就是：围绕一个意思写，不仅写这个地方有些什么，还要写这个地方的景物是什么样子的。

2.你写的是哪里的景色呢？

3.身边处处是美景，用优美的文字把美景记录下来，与更多的伙伴去分享，也会让我们收获美好的心情。

（二）习作升格

1.在阅读大家的习作时，我发现了这样的一段话，你来读一读。

课件出示：

一到小河边，我就被眼前的景色吸引住了。小河的两旁长满了小草，碧绿碧绿的，并不太高。蒲公英隐隐约约地藏在草丛中。这条小河，清亮极了。小鱼儿快乐地在小河里游来游去。

2.你能不能依照评价标准评一评？

课件出示：

评价标准	1.围绕一个意思写，不仅写这个地方有些什么，还要写是什么样子的。
	2.围绕一个意思写，每句话都能表达这个意思。

3.这段话符合这两条评价标准，你还有没有一些"希望"想送给这位小作者的呢？

4.如何让这段话更加吸引读者呢？

5.在小组长的带领下，给这段话"化化妆"，让比喻、拟人走进句子中，让语言优美起来。

6.学生分享：

一到小河边，我就被眼前的景色吸引住了。小河的两旁长满了小草，碧绿碧绿的，凉爽的秋风轻轻地吹过，小草热情地点头问好。蒲公英隐隐约约地藏在草丛中。这条小河，清亮极了，就像一条透明的蓝绸子，静静地躺在大地的怀抱中。小鱼儿快乐地在小河里游来游去，有时还淘气地吐着泡泡。

7.谁来评一评？

8.教师小结：要想让句子生动，富有感染力，就需要给它们"化化妆"，让比喻、拟人走进句子中。

（三）同中求异

1.当我在阅读大家的习作时发现：同一个意思，两位同学竟然写出了不一样的内容。你想不想读一读？

课件出示：

操场后面的小果园真美。石榴树上挂满了红彤彤的果实，一个，两个，三个……数都数不清，它们正咧开嘴笑呢。柿子树高大挺拔，树上挂满了小红灯笼，它们三五成群地聚集在一起，显得格外亲热。枣树上结满了圆圆的枣子，小巧玲珑，十分诱人，树枝都被它们压弯了腰。

操场后面的小果园真美。这里有石榴树，有柿子树，有枣树，有桃树。一到秋天，它们就把红彤彤的果实挂在枝头，让人一见，就能喜欢上它们。石榴树上的小石榴，咧开嘴快活地笑着，露出了一颗颗粉红的牙齿。柿子树上的果实像小灯笼，挂在枝头，好像在说："先摘我，先摘我……"

2.这两段话虽然都是"围绕一个意思写"，但是有区别吗？小组成员在小组长的带领下，讨论讨论。

3.谁来汇报？

4.教师小结：围绕着"操场后面的小果园真美"这个意思，可以一一地介绍这个地方有什么，是什么样子的；也可以先介绍这个地方有些什么，然后再选取两到三个有代表性的景物，分别介绍是什么样子的。

课件出示：

围绕一个意思写	有些什么	是什么样子的
操场后面的小果园真美	石榴树	红彤彤的果实，数不清
	柿子树	高大挺拔，果实三五成群地聚集在一起
	枣树	圆圆的枣子，小巧玲珑

围绕一个意思写	有些什么	是什么样子的
操场后面的小果园真美	有石榴树，有柿子树，有枣树，有桃树	把红彤彤的果实挂在枝头
	石榴树	结出了一个个小石榴
	柿子树	结出了一个个小柿子

（四）自读自改

1.依照评价标准，自己读一读习作，用修改符号改一改。

评价标准	1.围绕一个意思写，不仅写这个地方有些什么，还要写这个地方的景物是什么样子的。
	2.围绕一个意思写，每句话都能表达这个意思。
	3.让比喻、拟人走进句子中，让表达更生动。
	4.运用上平日积累的好词佳句。

2.同学们，你和同桌可以互相交换习作，请你的同桌给你的习作提提意见。

3.请大家一边读，一边用"括号"标出运用了描写景物的方法的部分，多读一读，然后与大家一起分享。

（五）勤于摘抄

1.同学们，要想让自己的习作更上一层楼，还有一个妙招：在阅读时，要将自己读到的精彩句子记录下来。比如：这次我们完成了写景的习作，你遇到了优秀的描写景色的句子，把它们一一摘抄下来，最好能够背下来。只有"读书破万卷"，才能"下笔如有神"。

2.回去之后，将你的习作读给爸爸妈妈听一听，请他们提提意见，然后将修改后的习作工整地誊抄下来。

八、佳作分享

美丽的海河

海河，是天津的母亲河，她孕育了海河儿女。

当我和爸爸漫步在海河边，就被她的美吸引住了。海河上的桥数不胜数，每一座桥有每一座桥的姿态。最有意思的莫过于狮子林桥，桥上的大狮子、小狮子，形态各异，富有生趣。海鸥在海河的上空翩翩飞舞，像一群活泼的孩子。许多爱好摄影的人纷纷举起相机，"咔嚓咔嚓"，拍摄下了它们飞翔的身影。有人向空中抛洒了一些饼干，海鸥像一个个优秀的杂技演员准确无误地接住了食物，三两下就吃掉了。飞累了，它们就在水里悠闲地游着，嘎嘎而鸣。岸边还聚集着许多游泳爱好者。"扑通——扑通——"一个个跳进了水里，一瞬间，已经游到了河中心了。

海河，不仅哺育了海河儿女，更给人们带来了美的享受。

第七单元　我有一个想法

一、教材分析

第七单元的主题是：我与自然。

习作内容：我有一个想法。

本单元的习作要求是：留心生活，把自己的想法记录下来。

在这一单元的习作学习中，教师引领学生关心生活中的现象，积极地思考，并大胆表达自己的想法，提升学生主动参与社会生活的意识。教材中提供了两则例文片段，示范了可以针对哪些现象提出想法，以及如何提出想法。学生写好后读给同学听，问问同学是否明白自己的想法，对自己所写的问题有什么看法。

这次习作，教师引领学生习得方法——有条理地、委婉地表达自己的想法，并提出自己的建议。

二、教学目标

1.留心观察生活中发生的事情，能清楚地写下生活中的某种现象及自己对此的想法。

2.拓宽习作思路，激发学生的习作兴趣，引领学生热爱生活。

3.培养学生乐于表达、乐于分享、虚心接受他人建议的好习惯。

三、教学重点

引领学生有条理地表达，清楚地、委婉地表达自己的想法，并提出自己的建议。

四、教学难点

在互评互改中，引领学生乐于分享，虚心接受他人的建议。

五、教学准备

教师：
制作课件。
学生：
四人为一小组，推选小组长。

六、教学时间

2课时

七、教学过程

第一课时

（一）阅读图片，导入新课

1.同学们，老师举起了相机，拍下了一张张照片，静静地阅读这几张照片，你发现了什么？

2.同学们通过认真观察，发现照片中这几个小同学都戴上了眼镜，那么你有什么想对他们说的话吗？

3.其实，在我们的生活中，还有一些需要改进的问题。如果我们积极表达自己的想法，提出改进建议和解决办法，就能使我们的生活变得更加美好。

（二）学习片段，习得方法

1.如何清楚地表达自己看到的现象和想法呢？有两位同学拿起了笔，让我们来读一读，比比谁能从中寻找到表达的锦囊。我们先来阅读第一则片段。

课件出示：

我发现爱玩手机的人特别多。上个月我们去给爷爷祝寿，聚会的时候大家都在各自看手机，很少一起聊天。我爸爸下班回家之后，也一直玩手机，我叫他，他都不理我。

过于沉迷手机会影响与别人的交往，我们不应该总是玩手机，应该用更多的时间关心身边的人。

2.你再来默读这则片段，想一想这位小作者先写了什么，再写了什么，最后写了什么？

3.让我们来读一读这则片段，我来问，你们来答。

师：小作者在生活中发现了什么现象？

生：我发现爱玩手机的人特别多。

师：能举例子吗？

生：上个月我们去给爷爷祝寿，聚会的时候大家都在各自看手机，很少一起聊天。我爸爸下班回家之后，也一直玩手机，我叫他，他都不理我。

师：小作者产生了怎样的想法？

生：过于沉迷手机会影响与别人的交往，我们不应该总是玩手机，应该用更多的时间关心身边的人。

4.在这个片段中，小作者写了哪两方面的内容？

课件出示：

现象	想法
我发现爱玩手机的人特别多。	过于沉迷手机会影响与别人的交往，我们不应该总是玩手机，应该用更多的时间关心身边的人。

5.小作者是如何将自己看到的"现象"写清楚、写具体的呢？

6.教师小结：小作者举了两个在生活中看到的例子，让笔下的"现象"具体、清楚。

（三）再学片段，习得方法

1.读一读下面的这则片段，你觉得这则片段与刚才阅读的片段的区别在哪里？

课件出示：

最近我一直在想，我们班能不能开辟一个植物角呢？我们可以在植物角养花种草，或是种花生、种豆子，还可以根据季节的变化更换不同的植物。我们可以轮流照看它们，给它们浇水、施肥。这样既可以使班里的同学了解不同植物的特点，还可以使大家亲近自然，为教室增添大自然的气息。

2.在这则片段中，小作者产生了什么"想法"，围绕着这个"想法"，小作者写了哪些方面的内容？

课件出示：

开辟一个植物角 { 如何实施想法 / 这样想的原因

3.如何把自己的"想法"写清楚、写具体呢？

4.教师小结：围绕着自己的"想法"，可以写一写如何实施想法，以及这样想的原因。如此，笔下的"想法"就写清楚、写具体了。

（四）阅读教材，明确要求

1.翻开课本，读一读"习作"中的三个自然段内容，你想想：这次习作，给我们提出了哪些要求？

课件出示：

生活中有哪些现象或问题引起了你的关注？你对这些现象有什么想法？从自己发现的或同学列举的现象中选择一个写一写。

写的时候，要把这种现象和你的想法写清楚。如果有改进的办法或建议，也可以写下来。

写好以后读给同学听，看看他是否明白你的想法，再问问他对这个问题有什么看法。

2.教师小结：这次的习作要求是关注生活中的某种现象，把现象和想法写清楚，还可以写一写改进的办法或建议。

（五）习作秘诀，观察生活

1.同学们，临下课了，让我们分享一个与习作有关的故事。

课件出示：

一位初学写作的年轻人给著名作家马克·吐温写信，信上说："我听说鱼骨头里含有大量的磷质，而磷质有补于人脑。那么，要成为一个有成就的作家，就必须吃多少条鱼呢？"马克·吐温提起笔来，认真地写了一封简短、幽默的回信："＿＿＿＿＿＿＿！"

2.你猜猜，马克·吐温在回信中会怎样写呢？

3.一起来读一读马克·吐温在回信中写的那句话吧。

课件出示：

马克·吐温提起笔来，认真地写了一封简短、幽默的回信："看来，你得吃一对鲸才成！"

4.你觉得习作与吃鱼有关系吗？那跟什么有关系呢？

5.教师小结：要想完成好习作，就要有一双敏锐的观察生活的眼睛；从阅读中习得精妙的表达方法；融入一颗情感丰富的心……笔下的文字才会富有感染力。

第二课时

（一）总结习作，提出优点

1.作为大家习作的第一位读者，老师感到非常荣幸。我仔细地阅读了这一篇篇习作后发现，同学们目光敏锐，用心观察生活后发现了一些现象，这需要我们认真思考，不断校正自己的行为。

2.让我们一起来阅读：大家在生活中发现的种种现象吧。

课件出示：

生活中的现象	1.小区里，有的小狗拉完臭臭，主人没有及时处理。
	2.同学们去上体育课了，教室里的灯一直亮着。
	3.动物园里，我看见有的小朋友在喂食小动物。
	4.中午吃饭的时候，有的同学饭碗里的米饭没有吃完。
	5.我发现有的同学的默写条没有用小夹子夹好。
	6.午休的时候，我看见有的同学在座位上阅读课外书。
	7.昨天出门的时候，我看见有的叔叔阿姨倒垃圾时没有分类。

3.你对同学们发现的哪个现象最感兴趣？

4.教师小结：在完成习作前，要睁大一双敏锐的眼睛细致地观察生活，捕捉到生活中确实存在但又被人忽视的现象，把它写下来，一定会引起大家的共鸣。

（二）出示标准，集体修改

1.这节课，我们将进行习作修改。如何修改呢？让我们一起读一读这次习作的评价标准。

课件出示：

评价标准	1.能够写出自己观察到的现象。
	2.在写"现象"时，能够列举出具体的事例。
	3.有明确、具体的想法或建议。
	4.语句通顺。

2.有一位同学写下了这样的一段话，你来读一读，依照评价标准再来评一评。

课件出示：

最近几天，天气越来越冷了，河面已经结冰了，在海河岸边，聚集了许多人。我发现有的人在岸边用坚硬的铁棒戳破冰面，乐悠悠地在海河里游泳。我发现有的人坐在冰面上进行垂钓。我还发现有的人牵着小京巴在岸边悠闲地漫步，但是小京巴拉臭臭了，主人也不去清理掉，万一让别人踩上多脏啊！

3.你觉得这段话中存在什么问题？应该怎样修改？

4.教师小结：一段话中，小作者描写了多个现象，如：在河里游泳、在冰面上垂钓、遛狗不讲究卫生。建议小作者描写一种现象，这样可以集中表达主题。写完现象，然后自然地表达出自己的想法。

5.让我们再来读一读这段话，你静心读一读，依照评价标准再来评一评。

课件出示：

我有一个想法，可以将班级中同学们扔掉的废纸收集起来。每当下课的时候，总能看到同学们将废纸扔到垃圾桶里。美术课下课了，也会看到很多同学将没有画好的作品扔掉。我想：废纸，是可回收垃圾。如果我们的班级中，设立一个"废纸筐"，就能把这些废纸收集起来，用实际行动来节约资源，这将是一件多么有意义的事情啊！

6.你觉得这段话中存在什么问题？应该怎样修改？

7.教师小结：一段话中，小作者先写想法，再写现象，最后又写想法，内容有些混乱。建议小作者先写现象，再写想法，这样就做到了条理清楚。

（三）再读习作，静心修改

1.同学们，铺开你的习作，静心地读一读，依照评价标准进行修改。

2.谁来汇报？

学生分享：

最近，我发现楼里的居民在倒垃圾时，没有将垃圾进行分类。有的小朋友倒垃圾时，看到哪个垃圾箱敞开盖子，就把垃圾随手扔到了垃圾箱里；有的老人倒垃圾时，不管是什么垃圾，都掀开第一个垃圾桶的盖子，把垃圾扔了进去。我想：只有真正做到垃圾分类，才能更好地处理这些垃圾，保护好我们生活的家园。

3.你是如何修改的呢？

学生分享：

我觉得"想法"写得不太具体，所以添加了一些内容。

我想：只有真正做到垃圾分类，才能更好地处理这些垃圾，保护好我们生活的家园。我建议小区物业管理部门制作一些垃圾分类的知识展牌，上面列举出"可回收垃圾""厨余垃圾""有害垃圾"等常见物品，把这些展牌悬挂于小区内的宣传栏里，供居民阅读、学习。我相信，这样做大家不仅能学习到垃圾分类的知识，还会增强大家垃圾分类的意识。

4.教师小结：小作者在谈及自己的想法时，增添了具体的建议，让内容变得更加充实。

5.如果你的习作修改完了，可以跟同桌互换，互相修改。

6.同学们，习作不厌百回改。课后，当你再次阅读这篇习作时，很有可能又发现了需要修改的地方，请用修改符号继续修改。修改后，誊抄一遍，让习作更加完美。

八、佳作分享

我有一个想法

生活中，几乎每人一部手机，手机给我们的生活带来了便利。比如，看天气，读新闻，发微信，出示健康码……但是，有的人一拿起手机，就会长时间地看，甚至玩手机上了瘾。

上周我去奶奶家，看见妹妹一直在玩手机游戏，奶奶劝她歇歇眼，她也不听。她一边玩手机游戏，一边咯咯地笑个不停。她沉浸在了手机的世界里。晚上吃饭的时候，爸爸在餐桌旁一直看"微信"，回复各种信息，很少和我们聊天。

我建议大家放下手机，多做做眼保健操，站在窗前，向远处望，保护好眼睛；放下手机，多和家人聊聊天，让家洋溢着欢声笑语；放下手机，翻开书本，走进书的世界里，多多增长知识。

我相信，放下手机，我们的生活会更加美好。

第八单元 那次玩得真高兴

一、教材分析

第八单元的主题是：美好品质。

习作内容：那次玩得真高兴。

本单元的习作要求是：学写一件简单的事。

这是教材中第一次要求学生写事，写亲身经历的一件事的过程，并能记录下自己真实的经历与感受。写一次玩的过程，指导学生用"放电影"、看照片、和别人聊一聊等方法回忆当时的情形，以便于学生选择习作内容，梳理习作顺序。

这次习作，教师引领学生习得方法——能够有条理地将一件事情的经过写清楚、完整。

二、教学目标

1.学会合理选材，能简单地写一次玩的过程，表达出当时快乐的心情，并正确使用标点符号。

2.能和同学交流习作，修改同学看不明白的地方，乐于和他人分享习作。

三、教学重点

能够有条理地将一件事的经过写清楚、完整。

四、教学难点

能够在习作中表达自己的真情实感。

五、教学准备

教师：

制作课件。

印制习作学习单，课前发给学生。

学生：

四人为一小组，推选小组长。

六、教学时间

2课时

七、教学过程

第一课时

（一）分享游戏

1.同学们，你喜欢玩哪个游戏呢？和我们一起来分享吧。如果你带来了游戏时的照片，那就更好了。

2.在表达的过程中，可以先说说游戏的名字，再说说什么时候和谁在哪里玩这个游戏。这样表达，多么有条理。

3.教师小结：好玩的游戏，不仅给我们带来了阵阵笑声，还给我们留下了难忘的回忆。

（二）体验游戏

1.你们想不想在课堂上玩个游戏呢？

2.不知道你玩过"画五官"的小游戏吗？一个同学被蒙上了眼睛，站在画板前，转上三圈。然后，伸出手，用粉笔在圆圈里画上眉毛、眼睛、鼻子、嘴、耳朵。看的人都会笑得前仰后合的。这是为什么呢？因为被蒙上眼睛的人画得太滑稽了。是不是这样的呢？现在，让我们一起来玩一玩"画五官"小游戏。

3.在观看游戏的时候，你可以拿出笔来，做一做记录。

课件出示：

学习单	
1.游戏中，记录下参与者的动作。	
2.游戏中，记录下参与者的语言。	
3.游戏中，记录观众的动作语言。	
4.游戏中和结束后，自己心情怎样？	

4.同学们，注意看，这是一根普普通通的绳子，只不过在上面系了一小块粉笔头。它能做些什么呢？猜猜看。

5.谁来蒙上眼睛，到前面画五官呢？我们击鼓传花，谁拿到花，谁来蒙眼画五官。

（三）交流游戏

1.我们可以把刚才的游戏分为三个部分——开始玩了，这时候，最后。游戏是怎样玩的呢？能不能让动词"走"进去，让我们的眼前重新浮现出游戏的画面。

课件出示：

遮眼画五官	开始玩了	
	这时候	
	最后	

2.让我们将交流的内容填入表格中。

课件出示：

遮眼画五官	开始玩了	被蒙上双眼
	这时候	抬起手臂，画上五官
	最后	大家笑得前仰后合

3.依照这个表格，按照"开始玩了""这时候""最后"的顺序将游戏的过程说一说。四个人为一小组，每位同学都来练一练。

4.谁愿意和大家分享？

5.文字可以留住美好的瞬间，还可以留存生活中的阵阵笑声。让我们一起来读一读。

课件出示：

开始玩了，老师邀请文松走上讲台，递给他一支白色粉笔，用一块细长布蒙住了他的双眼。这时候，文松先是在黑板前顿了顿，像是在找感觉。他似乎找到了感觉，这才在黑板上哆哆嗦嗦地画起来。黑板上，出现了两只眼睛、一个鼻子、两只耳朵……教室里的同学个个笑得前仰后合，有的甚至站起了身，教室里的笑声越来越大。唯一不笑的就是文松。正在他纳闷的时候，老师轻轻地摘下了蒙在他眼睛上的那条细长布。最后，他自己也笑出了声——一只眼睛跑到了圈的外边，嘴巴蹦到耳朵旁……"哈哈哈，五官长了腿跑掉了！"文松说完，大家更是咯咯地笑个不停。

6.读完这段话，你能把这段话分为三部分吗？分别是"游戏前""游戏时""游戏后"。

7.你觉得是什么妙招让你的眼前又一次浮现出刚才的情景呢？

8.教师小结：之所以这段文字能让我们的眼前浮现出游戏的情景，是因为让动作"走"进了句子，画面动起来了；让声音"走"进了句子，展现了当时欢乐的氛围。

9.这篇习作的过程已经写清楚了，那习作的开头和结尾可以写些什么呢？

10.教师小结：开头可以写写时间、地点、谁、干什么；结尾可以写写你的感受。这样一来，习作就完整了。

课件出示：

题目：那次玩得真高兴

习作的开头：时间、地点、谁、干什么

习作的过程：
- "开始玩了"
- "这时候"
- "最后"

习作的结尾：写写你的感受

11.如果不想以"那次玩得真高兴"作为题目，还可以怎样拟题呢？

12.教师小结：直接以"玩"的内容作为习作的题目，不仅可以点出"玩"的内容，还能唤起读者的回忆。

（四）记录"玩耍"

1.这次习作的话题是"那次玩得真高兴"，"玩"，只能是玩游戏吗？

2.让我们翻开教材，"玩"，仅仅是玩游戏吗？

3.教师小结："玩"不仅仅指玩游戏，还包括去钓鱼、去游乐场、去动物园……这些内容都可以走进你的习作。在写的时候，把游戏的过程按顺序写下来，怎么玩就怎么写；把游戏中的感受真实地写下来，怎么想就怎么写。

第二课时

（一）对话题目

1.当看到大家的习作时，我就感受到了大家心中的快乐。让我们透过习作的题目，感受他们心中的快乐。

课件出示：

阅读习作的题目			
刺激的过山车	坐上摩天轮	螃蟹上钩了	寻找春天的秘密
夜晚看星星	无声的拔河比赛	动物园，我来了	踩影子
快乐藏猫猫	我会制作拼图了	春节前，逛文化街	开心吹肥皂泡

2.哪个题目让你感兴趣？当你看到这个题目时，你的眼前浮现起了怎样的画面？

3.教师小结：题目中出现了"心情"的词语，吸引了大家的眼球，也让大家触摸到了小作者的快乐心情，激起了大家阅读这篇习作的愿望。

（二）品味习作

1.同学们喜欢"玩"，因为在玩中增长了我们的智慧，也给我们带来了无限的快乐。让我们一起来重温那一次次"玩"中感受到的快乐吧。

2.学生分享：

"推小车"

今天的体育课不同以往，在各种训练之后，老师带领我们玩了一个新游戏——"推小车"。老师轻松地说："这个游戏，需要两个同学一起玩：前面的同学两手支撑地面，后面的同学抱起前面同学的双腿；前面的同学的双手学脚走路，与后面的同学同时向前行进，好像真的在推小车似的。"

哈哈！"推小车"，原来没有小车啊！我和文文一组，因为是第一次玩"推小车"，刚刚走了没几步，"小车"的"车头"就出现了故障，停滞不前了。周围的伙伴哈哈大笑起来，就连我们也笑弯了腰。当我们再玩的时候，我让文文脱掉了鞋子，我握住他的脚脖子，他随着我的节奏——"一、二、一、二……"我们稳步前行。这一次，竟然超过了所有的选手。

哈哈！我们赢了！我们俩欢呼起来，活像一只只快乐的小鹿在操场上自由奔跑。

3.你来读一读这篇习作，找一找游戏开始了，描写动作的句子和描写声音的句子。

4.你从描写动作的句子中，仿佛看到了什么？你从描写声音的句子中，仿佛听到了什么？

5.读完这篇习作的片段，你感受到他们当时的心情了吗？

6.教师小结：动作"走"进了句子，让读者的眼前浮现出生动的画面；声音"走"进了句子，让读者的耳畔响起了爽朗的笑声。所有的这一切，都缘于作者准确、细致地观察生活，观察必须准确，习作才会写得真实；观察必须细致，习作才会写得具体。

（三）分享习作

1.谁还想和大家分享你的快乐生活呢？

2.学生分享：

时间一点一点地过去，可我的小水桶里一只河蟹都没有，我有点着急了。就在这时，我的钓竿突然抖动了一下，哈哈！小河蟹上钩了！正当得意之时，我猛地一抬钓竿，谁知，狡猾的河蟹溜之大吉了。我静静地坐在池塘边，静静地期待着小河蟹再次咬钩。果然，我的钓竿又动了，这一次我可长经验了，不再那么着急，而是一手拿起捞网，一手慢慢地提起钓竿。嘿嘿！一只大河蟹掉进了我的捞网里。它在水桶里挥舞着大钳子，气冲冲地吐着泡泡。神气什么呢？嘿嘿！你已经成为了我的手下败将。

3.从"没有钓到河蟹"到"它成为小作者的手下败将"，在这个过程中，小作者感受到了"钓河蟹"的快乐。

4.学生分享：

老师说："这堂课，我们一起来制作一个好玩的玩具。"于是，他发给每人一张白纸，让同学们在上面画画。嗯？我好奇地想：这是在做什么玩具呢？我实在是想不出。我拿起笔，在这张白纸上画了一间房子，几棵树木，一片草地，几朵小花，几只小鸟……我的同桌说这几只小鸟像活了一样。这时，老师让我们把画撕开，我马上把它平均分成八份。啊！原来是制作拼图玩具啊！大家恍然大悟后，嘴角露出了会心的微笑。

5.自己动手制作玩具，多么有趣的事情啊！不仅能提高自己的动手能力，还让自己体验到了成就感，快乐洋溢在每个人的脸上。

6.学生分享：

飞机终于要起飞了。我的心一下子提到了嗓子眼，耳朵有明显的耳压，身体也有轻微的后倾感。我紧张起来，一动也不敢动。过了好一会儿，飞机才恢复了平稳。我忍不住向窗外看去，哇！片片白云竟然在我的脚下，看上去软绵绵，像一团团好吃的棉花糖。我真想咬上一口，品尝品尝。第一次乘飞机，感觉好极了——不仅有紧张，也有刺激，更有阵阵的快乐。

7.小作者第一次乘飞机的经历，带给自己多种感受，这样的经历，一定会给自己留下难以磨灭的记忆。

（四）提升习作

1.有一位同学记录下了自己吹泡泡的情景，谁来读给大家听？

课件出示：

开始玩了，我找来一个塑料小碗，倒了点洗洁精，又倒入一些温水，用吸管和弄和弄。这时候，我提起吸管，用嘴缓缓地往吸管中吹气。哈哈！吸管的末端出现了一个透明的泡泡。最后，我追着这些四处飘游的小泡泡，用手轻轻地触摸它们，它们立刻无声地散裂了。

2.读完了这段话，谁来评一评？

3.你觉得这段话中，还可以添加哪些内容，使内容更充实、具体？

4.教师小结：同学们补充得非常好！在这段话中，加入了对小泡泡样子的描写，以及后来我又是如何吹的，还要表达出我当时的快乐。

5.拿出你的学习单，把这段话补充完整。

课件出示：

学习单

开始玩了，我找来一个塑料小碗，倒了点洗洁精，又倒入一些温水，用吸管和弄和弄。这时候，我提起吸管，用嘴缓缓地往吸管中吹气。哈哈！吸管的末端出现了一个透明的泡泡。＿＿＿＿＿＿＿＿＿

＿＿＿＿＿＿＿＿＿＿＿＿＿＿＿＿＿＿＿＿＿＿＿＿＿＿＿＿＿＿＿

＿＿＿＿＿＿＿＿＿＿＿＿＿＿＿＿＿＿＿＿＿＿＿＿＿＿＿＿＿＿＿

最后，我追着这些四处飘游的小泡泡，用手轻轻地触摸它们，它们立刻无声地散裂了。

6.谁来和大家分享？

学生分享：

开始玩了，我找来一个塑料小碗，倒了点洗洁精，又倒入一些温水，用吸管和弄和弄。这时候，我提起吸管，用嘴缓缓地往吸管中吹气。哈哈！吸管的末端出现了一个透明的泡泡。它晶莹剔透，像精灵一样在空中摇曳摆动。我再次用吸管蘸下小碗中的"水"，鼓起腮帮使劲一吹，一个个可爱的小泡泡从吸管中飘出来，亮晶晶的，表面浮现出了五色的光，美丽极了。它们好顽皮，在蔚蓝的天空中自由自在地飘游。"真是太好玩了！"我忍不住喊出了声。最后，我追着这些四处飘游的小泡泡，用手轻轻地触摸它们，它们立刻无声地散裂了。

7.谁再来点评？

8.教师小结：在描写事情的过程中，要通过一系列的动作，把玩的过程写清楚；加上对声音的描写，表露出内心的快乐。

（五）修改习作

1.几乎所有的作家都会告诉你，好文章是改出来的。有一位作家，出版了一部长篇小说《骆驼祥子》，他就是老舍先生。这部长篇小说出版了多少版，他就修改了多少回。多么令人敬佩啊！

2.如何修改呢？修改的秘诀就是：朗读，朗读，朗读。朗读对于修改，非常重要。在心里默默地读着，句子的不通顺，字词的不准确，上下句的联系不紧密，这些问题都会被发现。这就是朗读的妙用。

3.你可以和同桌互换习作，依据评价标准进行修改。

课件出示：

评价 标准	1.关注关键动作的描写和有趣声音的补充，把玩的过程写具体。
	2.关注习作中的语句是否通顺，标点是否正确。

4.谁来分享你是如何修改的？

5.同学们，当你看到同桌给你修改的习作后，你一定要认真地想一想：他为什么这样修改？如果还有疑问，课后还可以和你的同桌交流交流。最后，将习作工整地誊抄下来。

（六）整理习作

1.同学们，这是本学期最后一次习作。一个学期，我们完成了八篇习作。将这些习作按照顺序整理好，在最前面添加一个封面和一份目录，然后装订在一起，让我们珍藏这宝贵的记忆。

2.大家在设计封面的时候，希望能开动脑筋，展现出你的创意来。给大家一周的时间，下次的习作课上，我们一起来分享你的作品。

八、佳作分享

快乐拔老根

秋天到了，天气渐渐地凉了。一棵棵白杨树的叶子渐渐地黄了，秋风轻轻地拂过，一树的叶子唱起了欢乐的歌。有的叶子顽皮地跑到空中，跳起了欢快的舞蹈。

叶子悠悠地飘到了地上，我欣喜地跑到树下，捡起一片杨树叶。我熟练地捥下叶子，留下叶柄，这就是"叶根"，也叫"老根"。我的好朋友也喜欢这"老根"。于是，我们俩决定比试比试。我们把两个叶根交叉在一起，随着一声"开始"，我们各自拿着"老根"的两头，向自己这边使劲地拉，我们俩较上了劲，谁也不会让谁。好朋友的"老根"快坚持不住了，我依然没有放弃，卯足了劲。只听"刺啦"一声，他的"老根"断了。"耶!"我不禁兴奋地喊出了声。他却叹了叹气，蹲下身，又在树下挑选他觉得不错的"老根"。

秋天，我喜欢秋天，因为我和好朋友可以在杨树下看树叶翩翩起舞，还可以在树下快乐地拔老根。

下辑

统编版三年级语文下册作文教学设计

单元	主题	习作内容	习作要素
一	可爱的生灵	我的植物朋友	试着把观察到的事物写清楚。
二	寓言故事	看图画，写一写	把图画的内容写清楚。
三	中华优秀传统文化	中华传统节日	收集传统节日的资料，交流节日的风俗习惯，写一写过节的过程。
四	观察与发现	我做了一项小实验	观察事物的变化，把实验过程写清楚。
五	大胆想象	奇妙的想象	发挥想象写故事，创造自己的想象世界。
六	多彩童年	身边那些有特点的人	写一个身边的人，尝试写出他的特点。
七	奇妙的世界	国宝大熊猫	初步学习整合信息，介绍一种事物。
八	有趣的故事	这样想象真有趣	根据提示，展开想象，尝试创编童话故事。

第一单元　我的植物朋友

一、教材分析

第一单元的主题是：可爱的生灵。

习作内容：我的植物朋友。

本单元的习作要求是：试着把观察到的事物写清楚。

这是新学期第一次习作练习，要求学生选择一种植物进行观察，引领学生借助记录卡，把自己观察到的和感受到的写下来。通过这一次习作，可以培养学生的观察能力和表达能力。

这次习作，教师引领学生习得方法——将观察到的与感受到的结合在一起写。

二、教学目标

1.观察一种植物，做简单的记录卡。

2.能借助记录卡，写清楚植物的样子、颜色等，并写出自己的感受。

3.鼓励学生自读自改，在观察、表达、评改中，激发学生对生活的热爱。

三、教学重点

抓住植物的多方面特点进行描写，将观察到的与感受到的结合在一起写。

四、教学难点

观察植物时，要调动所有的感官系统，多角度地观察。

五、教学准备

教师：

制作课件。

印制记录卡，课前发给学生。

学生：

四人为一小组，推选小组长。

课前，在小组长的带领下，观察校园里的植物，填写记录卡。

六、教学时间

2课时

七、教学过程

第一课时

（一）交流观察记录卡

1.春天来了，小草从泥土里探出了头，小花绽放了笑脸……同学们走出了教室，观察身边的植物，记录下了自己观察后的发现。

2.谁来和大家分享你的记录卡？

3.学生分享。

课件出示：

我的植物朋友	
名称	桃花
样子	桃花有五片薄薄的花瓣，花芯里吐着淡黄色的花蕊。
颜色	粉红色
气味	沁人心脾的清香
其他	桃树的果实是著名的水果；桃核可以榨油；其枝、叶、果、根俱能入药；桃木细密坚硬，可供雕刻。

我的植物朋友	
名称	白玉兰
样子	树高二三丈，叶为倒卵形。早春先开花，花大瓣厚，六瓣或九瓣，瓣长二寸许，微似倒卵形，白色的花朵散发着玉色的光泽。
颜色	洁白如雪
气味	非常淡的清香
其他	花可提取香精或薰茶；鲜叶可提取香油，称"白兰叶油"，可供调配香精；根皮入药：治便秘。

4.教师小结：观察，是习作的前提。在课前，同学们积极地走在校园里，观察植物朋友。大家能够运用多种感官，进行细致地观察，所以收获满满。只有观察细致，表达时才会有话可说，有词可写。

（二）从课文中借智慧

1.我们在观察中获得了发现，如何将这些发现变成一段段的文字呢？有一个锦囊妙计，就是从课文中借智慧。

2.让我们再一次默读叶圣陶先生笔下的《荷花》。

3.叶圣陶先生将看到的、闻到的、想到的，结合在一起写。他先写了什么？再写了什么？最后写了什么？

课件出示：

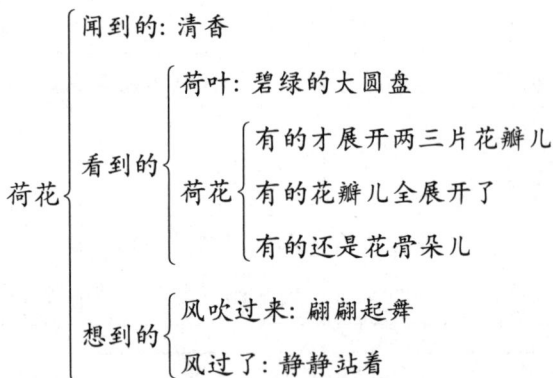

4.这就是这篇文章的结构，作者将观察到的内容巧妙地组合在了一起。

（三）在观察中练表达

1.你看，校园中的花，大都开放了。老师看到了五彩的花，忍不住拿起相机，把它们美丽的容颜拍了下来。让我们一起来欣赏。

课件出示：

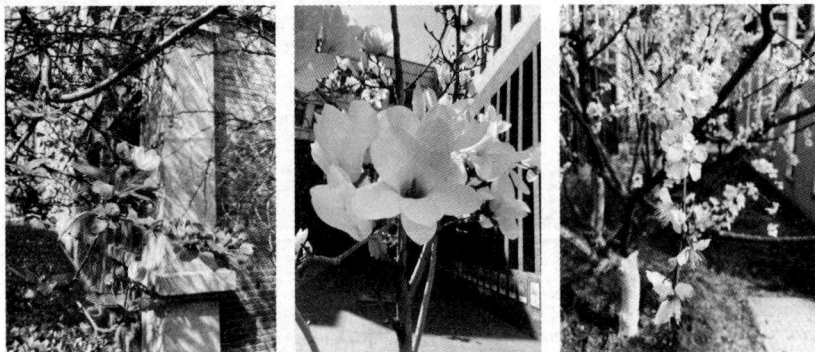

2.你看到了哪些花?

3.你发现它们的秘密了吗?

4.是啊!有的是先长叶,后开花;有的是先开花,后长叶。

5.海棠花的叶子,有什么特点呢?

6.你再看看,这些花有什么特点呢?

课件出示:

叶子_____。_____花已经开了不少了。有的
_____。有的_____。有的_____。

7.学生交流。

白玉兰花已经开了不少了。有的才展开两三片花瓣。有的已经完全展开了。有的还是花骨朵儿。

8.再读读叶圣陶先生笔下的文字,你发现了吗?"看起来饱胀得马上要破裂似的"能不能删掉呢?

荷花已经开了不少了……有的才展开两三片花瓣儿。有的花瓣儿全展开了,露出嫩黄色的小莲蓬。有的还是花骨朵儿,看起来饱胀得马上要破裂似的。

9.你能不能也把自己的感受添进句子里,把观察到的与感受到的结合在一起写。

10.学生分享。

洁白如雪的玉兰花已经开了不少了。有的才展开两三片花瓣。有的已经完全展开了,五片洁白的花瓣挨挨挤挤,就像五位小朋友手拉手,快乐地跳着"圆圈舞"一样。有的还是花骨朵儿,它可真贪睡啊!

11.谁来点评点评?

12.学生分享。

海棠花的叶子光泽油亮,挤挤挨挨的,就像守卫在花朵旁边的小卫兵一样。鲜红的海棠花已经开了不少了,在这些翠绿茂密的绿叶间冒出来。有的才展开两三片花瓣儿。有的全开了,就像天真的小姑娘

绽放了笑脸。有的含苞欲放，饱胀得马上要破裂似的。

13.一段话中，将观察到的与感受到的结合在一起写，读起来，多么生动有趣啊！

（四）在观察中想到的

1.再来观察这三幅图片，你想到了什么？

2.同学们不约而同地想到了它们的生长特点。为什么白玉兰先开花后长叶呢？我们一起来阅读资料袋。

课件出示：

先开花后长叶，主要是因为开花长叶所需要的温度不一样，通常白玉兰的花朵会在初春的时候开放，并且花芽所需要的温度比叶子所需要的温度低，所以白玉兰是先开花后长叶。其实，像白玉兰这样先开花后长叶的植物并不少见，它的叶和花都在去年秋季时已经生长在芽里面，到了来年春天的时候就会逐渐开放。

3.教师小结：在观察中，当你有了疑问后，一定要想办法解决这个疑问，然后写进你的习作中，习作的内容才会更加丰富。

（五）在思考中列提纲

1.仿照叶圣陶先生写《荷花》，你在介绍一位植物朋友的时候，也可以从三方面介绍，分别介绍什么呢？

课件出示：

（　）花
- 闻到的：_____
- 看到的
  - 叶：_____
  - 花：_____
- 想到的
  - 生长特点：为什么先开花后长叶
  - 产生联想：觉得自己仿佛就是一朵花

（选其一）

2.你打算给这篇习作起一个怎样的题目呢?

3.教师小结:可以以《我的植物朋友》为题,也可以直接以"植物的名称"作为习作的题目。你可以借助记录卡上的资料,按一定的顺序写下来,别忘了写写自己的感受。

第二课时

(一) 自读自改

1.同学们已经完成了第一单元习作——《我的植物朋友》。习作完成了以后,还需细细修改。

2.如何修改呢? 老师和你分享一种方法:自读自改,就是一边朗读一边修改。

课件出示:

自读自改	
得意之处	把细致描写植物特点的句子用波浪线画一画,其他得意之处也可以用波浪线画一画。
困惑之处	在无法表达清楚的句子旁画"?"。
完善之处	试着把过长的句子改短一些,把不通顺的句子改通顺。

3.给大家5分钟时间,读一读,改一改。

(二) 分享"得意之处"

1.谁愿意和大家分享你的"得意之处"?

2.学生朗读并分享:为什么这段话是你的"得意之作"?

中秋节那天,爸爸出差回来了,他欣喜地给我带回来一位特别的朋友。说它特别,是因为它不会说话,也不会走路。它,就是每天和我朝夕相处的植物朋友——蝴蝶兰。

3.教师小结：题目是《我的植物朋友——蝴蝶兰》，开篇讲了它的来历，很自然，也很温馨。

4.学生分享。

白玉兰高高地绽放在枝头上，像一只只洁白无瑕的玉铃在风中摇晃着，侧耳倾听，好似那清脆悦耳的铃声从风中传送过来。白玉兰已经开了不少了。花朵有的含苞欲放，像一粒粒小巧的橄榄；有的争芳斗艳，花瓣间散发着浓郁的香味；有的倒挂枝头；有的斜插枝头；有的好像是一对老友在一旁低头窃窃私语；有的像白蝴蝶面对着浩瀚的蓝天振翅欲飞。

5.你觉得这段话中，哪些地方令你欣赏？

6.教师小结：小作者时刻不忘将观察到的与自己的感受结合在一起写，尤其是把不同样子的花想象成了不同的事物，让笔下的句子充满了生趣。

7.学生分享。

我忽然觉得自己仿佛就是一朵桃花，穿着粉红的纱裙，站在阳光下。一曲悦耳的音乐响起，我便翩翩起舞，在微风下，粉红的纱裙也跟着舞动起来。不光是我一朵，满树的桃花都在舞蹈。音乐停止了，我停下了舞步，静静地站在那儿。蜜蜂飞过来，告诉我采蜜的辛劳。春蚕爬过来，告诉我长大的快乐……

8.你觉得这段话，最令你欣赏的地方是什么？

9.教师小结：小作者学习《荷花》，仿写《荷花》，对于初学写作的同学来说，这真的是一个好方法。

（三）分享"困惑之处"

1.在阅读习作的时候，你是否遇到了"困惑之处"？能和大家分享一下吗？

2.学生分享。

我的困惑之处就是绿萝的叶子像桃心，但刚长出来的叶子都卷在了一起，那像什么呢？

课件出示：

3.谁能给他出出主意？

我用手扒开外部的叶子，看到了刚刚长出的叶子，它们都是卷曲着的，像绿色的毛毛虫。

绿萝刚长出来的叶子，像海螺的壳一样，慢慢地，不几天就舒展开了。

……

4.教师小结：同学们不仅在用眼睛看，而且还用手或摸，或扒，有时忍不住用鼻子闻……只有这样，你的观察才全面，才会有更多的发现。

5.学生分享。

我写的也是绿萝，介绍了绿萝叶子的颜色、形状、数量……在写绿萝生长特点的时候，我感到有些困难，不知道可以写些什么。

6.哪些同学写的也是绿萝？你们在介绍绿萝生长特点的时候，介绍了哪些内容呢？

7.学生分享。

绿萝的生命力极为顽强，遇水即活，被称为"生命之花"。如果把一根绿萝的枝条剪成一段一段的，插进玻璃瓶子里，再倒上足够的水。一个星期后，保管能长出新的根和叶子。一株新的绿萝就这样诞生了。绿萝可以土生，也可以水养，哪怕没有任何肥料和阳光，也照样长得很好。

8.教师小结：小作者抓住了绿萝顽强的生长特点，先用一句话概括写它的特点，而后又举例子具体说明这个特点。

（四）分享"完善之处"

1.在阅读习作时，你一定遇到了长句变短句，或者是把不通顺的句子修改通顺，你愿意选择一处和大家分享吗？

2.学生分享。

原句：

阵阵的清香味道扑鼻而来。

修改后：

阵阵的清香扑鼻而来。

3.你为什么要这样修改呢？

4.学生分享。

因为"清香"是一种气味，不是味道，所以我把"味道"删掉了。

5.谁再来分享？

6.学生分享。

原句：

这种花的叶子，形状是椭圆形的，周边是锯齿形的，叶脉很明显。

修改后：

这种花的叶子是椭圆形的，周边是锯齿形的，叶脉很明显。

我之所以去掉"形状"两个字，是因为去掉了，句子就不 唆了。

7.修改，让你的习作变得更加完美。所以说，当你完成了一篇习作后，一定要认真地朗读，一边读一边修改，这种方法就称为"朗读修改法"。

（五）分享你的习作

课后，同学们可以继续分享你的习作，把你的习作读给你的好朋友听，写同一种植物的同学也可以互相读一读。

（六）制作植物标牌

1.课余时间，同学们可以在校园里走一走，看一看，给你喜欢的植物制作一个小小的标牌，让更多的同学了解它、喜欢它。

课件出示：

大海棠

大海棠，乔木，高可达8米。叶片椭圆形至长椭圆形，长5—8厘米，宽2—3厘米，先端短渐尖或圆钝。花序近伞形，有花4—6朵，花梗长2—3厘米。果实近球形，直径2厘米。花期4—5天。

2.在制作的过程中，你可以随时请教你的课外书；在家长的陪同下，可以登录互联网查找资料；还可以请教你的科学课老师。这项活动十分有意思吧！欢迎每一位同学都来参加，做一名美丽的护花使者。

八、佳作分享

我的植物朋友

我们学校的教学楼前种有一排冬青，一年四季都那么绿油油的，即便是在万物凋零的冬季，它依然绿意盎然。难怪人们叫它"冬青"。

春天，阳光暖暖的。冬青抽出了嫩绿的新芽，大小形状都跟瓜子儿差不多。那新芽格外惹人喜爱。有的站在枝头眺望远方，像是迎接春天的到来；有的簇拥在一起，像是说着悄悄话；有的像一位害羞的小姑娘，躲在叶丛里不敢和大家一起玩耍；还有的低着头，像是思考着什么……渐渐地，叶子长大了，更是绿得发亮，像是涂抹了一层油似的。我忍不住摸了摸，滑溜溜的。

冬青的生命力非常顽强，随手将掰下的枝条插入泥土里，它就能生长下去。我爱四季常绿的冬青树，更爱它旺盛的生命力。

第二单元　看图画，写一写

一、教材分析

第二单元的主题是：寓言故事。

习作内容：看图画，写一写。

本单元的习作要求是：把图画的内容写清楚。

第一学段安排过"看图讲故事"和"看图写话"，要求学生观察画面，看懂图意，并发挥想象，把图画的内容写下来。三年级上册和本册第一单元对如何观察开展了进一步的训练，学生对按一定顺序观察有了基本的能力。在此基础上，教师引领学生进一步按顺序观察图画，根据图画展开想象，把自己看到的、想到的写清楚。

这次习作，教师引领学生习得方法——按照一定的顺序进行观察、表达，展开丰富的想象。

二、教学目标

1.能按一定的顺序观察图画，展开想象。

2.能把自己看到的、想到的写清楚。

3.能与同学分享习作，并能根据同学的意见修改习作。

三、教学重点

按照一定的方位顺序来写，把图画中的基本信息写清楚，展开想象，丰富习作内容。

四、教学难点

围绕图画内容，做到言之有物，表达有序。

五、教学准备

教师：

制作课件。

学生：

有条件的同学，可以跟爸爸妈妈去放风筝。

六、教学时间

2课时

七、教学过程

第一课时

（一）谈话导入

1.同学们，让我们欣赏一组风筝的图片，睁大眼睛，用心地看一看。

2.你看到了什么?

3.风筝是中国古代劳动人民在东周春秋时期发明的产物,已有2000多年的历史。相传墨翟以木头制成木鸟,研制三年而成,是最早的风筝起源。后来鲁班用竹子,改进了墨翟的风筝材质,直至东汉期间,蔡伦改进造纸术后,坊间才开始以纸做风筝,称为"纸鸢"。

(二)欣赏图画

1.几位小朋友利用周末的时间,来到油绿绿的草地上快乐地放风筝,你想不想去看一看呢?

课件出示:

——摘自义务教育教科书《语文》三年级下册

2.如何观察这幅图画呢?老师给大家提供个小妙招。依据小妙招,自己仔细地观察。

课件出示:

图画上有哪些人?他们在干什么?

他们的动作分别是怎样的?可能说了哪些话?

3.我们来交流:图画上有哪些人?他们在干什么?

4.同学们看到了近处的两个小男孩和一个小女孩放风筝,还看到了远处的一个小男孩和他的爸爸妈妈放风筝。同学们表达有序,是因为观察有序，按照从近到远的顺序进行了观察。

5.我们按照由近到远的顺序观察了地面上的人物，又按照从下到上的顺序观察空中的景物。看看美丽的天空，你又发现了什么？

（三）细致观察

1.我们刚刚从整体上观察了这幅图画，观察一幅图画，还要聚焦到每一个人物、每一处景物，细致地观察。先来给近处的三个小朋友起个名字吧。

2.他们是如何将风筝放上天的呢？让我们看一段放风筝的视频。

3.观察这幅图画，他们的动作分别是怎样的？可能说了哪些话？先来说说这两个小男孩，他们可是放风筝的主角。

4.学生分享：

明明的双手高高地举起风筝。青青右手拿着线轴，左手拉着线，他大声地对明明说："我喊一、二、三，喊到三，你把风筝放开，我就立刻往前跑。"明明兴奋地说："好啊！"

5.这是青青与明明的第一次对话，继续思考：一阵风吹来，这时，他们又是怎么做的，说了些什么。

6.看到风筝在天空中自由地飞翔，小红会有怎样的表现呢？

7.远处的一家三口，在做什么呢？

8.同学们仔细地观察，观察他们的动作，想象他们的语言，介绍得具体且生动。让一幅静止的画面动了起来。

（四）介绍风筝

1.你最喜欢哪个风筝？能给大家介绍介绍吗？

2.学生介绍：

天空中飘着一个金鱼风筝。它的眼睛又大又圆，背上有白色的花纹，好看极了。尾巴很长很长，宛如穿了一件拖尾裙。

3.如果换一种方法介绍，你觉得怎么样呢？

教师介绍：

一条红色的金鱼在云海中快乐地畅游。它的眼睛又大又圆，背上有白色的花纹，好看极了。尾巴很长很长，宛如穿了一件拖尾裙。我瞪大了眼睛，仔细地瞧，发现它是一个金鱼风筝。

4.谁还愿意继续介绍其他的风筝？

5.如果想用简洁的语言介绍天空中各种各样的风筝，那怎么介绍呢？

课件出示：

天空中飞舞着各种各样的风筝：有_____形状的，有_____形状的，有_____形状的……它们就像_____，_____，_____。

6.如此表达，将看到的与想到的结合在一起写，句子多么生动！

（五）表达心情

1.当伙伴们看着风筝飞到了天空中，他们的心情如何？又在想些什么呢？

2.让我们一起来分享。

（六）完成习作

好文章就在你的笔端，课下请你试着用上我们学习的好方法，把你从图画中看到的、想到的写一写吧。

第二课时

（一）讲评习作

1.同学们，很荣幸，我成为了大家作文的第一位读者。我一边读，一边记录下了大家习作中的优美佳句，在今天的讲评课上，和大家一起分享。

2.读大家的习作，单单读了习作的开头，就很吸引眼球。你也来读一读吧。

（二）分享开头

1.阅读第一位小作者的习作开头部分。

（1）你觉得他在开头部分中，交代了什么。

课件出示：

星期天，天气格外晴朗，推开家门，一股温暖的春风拂过脸颊，带给人一天的好心情。我和明明、小强来到了一片绿油油的草地上，快乐地放风筝。

（2）在这个开头中，你还有没有重大"发现"？

（3）小作者将"自己"当成了图画中的一员，这样很好！更容易在习作中流露出真情实感。

2.阅读第二位小作者的习作开头部分。

（1）你觉得他在开头部分中，交代了什么。

课件出示：

红红、明明、强强放学了，从家里拿了一只只造型独特的风筝，兴高采烈地向碧绿的草地跑去。这可真是"儿童散学归来早，忙趁东风放纸鸢"。

（2）一句清代高鼎的诗句，让我们品味到了浓浓的诗的味道，给习作增添了诗的气息。

3.阅读第三位小作者的习作开头部分。

（1）你觉得他在开头部分中，交代了什么。

课件出示：

蓝蓝的天空飘浮着朵朵白云，一只老鹰在高高的空中自由地飞翔；蜈蚣跑来凑热闹，似乎在跟老鹰玩捉迷藏；红艳艳的金鱼在云海里快乐地玩耍……我定眼一看，哈哈！原来是一只只风筝。

（2）哪句话让你觉得最有意思？

（3）接下来，他会写什么呢？

（4）同样是这个习作开头，其他同学，接下来写的内容也有所不同。让我们一起来读一读吧。

（三）分享过程

1.阅读第一位小作者的习作片段。

课件出示：

远处，男士把手搭在了女士的肩上，他们一起眺望远方。一旁的孩子快乐地放风筝，小手不停地拉着线，风筝飞得好高啊！"哈哈——"我的身后传来一阵阵笑声，原来是明明和青青也来放风筝。明明把燕子风筝举过了头顶，青青一手紧握线轴，一手拽着风筝线。一阵暖风徐徐吹来，青青兴奋地喊着："明明，可以松手了！"燕子风筝立刻在空中飞起来了，我和他们一起在草地上奔跑起来。"看啊！燕子飞起来了！""成功了，成功了……"天空中飘荡着我们快乐的笑声。

（1）这位小作者是按照什么顺序观察的？

（2）圈画描写他们动作的句子以及语言的句子。

（3）这段话中，流露出了他们的心情了吗？

2.阅读第二位小作者的习作片段。

课件出示：

"红红，你好啊！这么巧，你也来放风筝！"正当我看得入神，明明和青青跑过来跟我打招呼。我转过身，惊喜地对他们说："看到你们，真是太高兴了！我们一起放风筝吧！"明明高高地举起他心爱的燕子风筝。青青说："我数一、二、三，数到三时，你就松手！""好嘞！"明明松手的那一刻，青青一手拿着线轴，一手拽着风筝线，在草地上迅速地飞奔起来。看啊！燕子风筝一下子飞起来了！那么自由，那么兴奋！远处有一家三口，小男孩的风筝已经高高地放飞到天空，他看着天空的风筝，心里美滋滋的。身旁的父母用和蔼的目光注视着他，好像在说："真了不起！"

（1）这位小作者是按照什么顺序观察的？

（2）圈画描写他们动作的句子以及语言的句子。

（3）这段话中，流露出他们的心情了吗？

3.教师小结：习作的开头，描写了天空中各式各样的风筝，而后既可以按照由远到近的顺序来写，也可以按照由近到远的顺序来写。只要表达有序，读者读起来，就会清楚明白。

（四）分享结尾

1.阅读第一位小作者的习作结尾部分。你觉得他在结尾部分中，交代了什么。

课件出示：

看着风筝在天空中自由飘飞，我心里有一种说不出的高兴。风筝，给我带来了好心情，也让我学习了一项新本领。

2.阅读第二位小作者的习作结尾部分。你觉得他在结尾部分交代了什么。

课件出示：

看着一只只造型奇特的风筝在天空中自由地飞翔，我也想坐在"雄鹰"的翅膀上，和白白的云朵玩捉迷藏的游戏呢！

3.阅读第三位小作者的习作结尾部分。你觉得他在结尾部分中，交代了什么。

课件出示：

正当我们聚精会神地放风筝，突然听到妈妈喊我回家吃饭了。我们慢慢地收好了风筝，依依不舍地回去了。

4.教师小结：一篇习作写完，在结尾处，可以表达自己的收获，可以表达自己的想象，还可以自然地表达这件事的结束。

（五）分享创意

1.在阅读大家的习作时，发现同学们很有创意，你读一读这则习作片段，说说"创意"在哪里？

课件出示：

红红最喜欢红蝴蝶风筝了，瞧，她穿着一身与红蝴蝶一样颜色的裙子。她高声对松松说："你把燕子风筝举得高高的……"楠楠一手拿着木质线轴，一手拽着线绳，笑着说："松松，可以松手了。"只见，燕子风筝在空中慢慢地飞起来了，随着楠楠慢慢地放线，燕子风筝越飞越高，与在云海里的纯红色的金鱼、弯弯曲曲的蜈蚣、振翅高飞的老鹰一同玩耍嬉戏。看，它们玩得多开心呢！看着俊俏的燕子风筝飞得那么高，红红、楠楠、松松说啊，笑啊，高兴得合不拢嘴。

2.教师小结：图画是静止的，但是丰富的想象能让一幅静止的图画动起来，让笔下的文字更加丰富、更加精彩。

（六）修改习作

1.习作，需要不断地修改，这样才会更加完美。在同学们互换习作之前，我们先来了解这次习作的"评价标准"。

课件出示：

评价标准	1.图画中的内容是否按照一定的顺序介绍清楚了？
	2.他们的动作是怎样的？
	3.他们可能说了哪些话？
	4.表达人物的心情了吗？

2.当同学们互换习作之后，我们一边阅读一边对照"评价标准"，看看是否做到了？

3.谁来向大家汇报一下，你阅读的这篇习作做到了哪几条？哪些地方还需要改进？

4.现在，大家可以和同桌交流：习作在哪些地方还需要修改？

5.今天的作业是：将修改后的习作工整地抄写在稿纸上，注意不能有错别字哦！

八、佳作分享

"鸳鸯风筝飞起来了"

在一个风和日丽的上午，暖暖的春风吹拂着脸颊，舒服极了。兰兰、小东和小北来到了长虹公园放风筝。

小东神秘地说："你们知道，我带来了一只什么样的风筝吗？"小北知道他喜欢鸳鸯风筝，就随口说了出来。果然，小东从书包里取出了一只鸳鸯风筝。兰兰兴奋地说："太漂亮了！我们赶快让它在天空中自由飞翔吧！""好啊！好啊！"小东和小北异口同声地回答。

小东拿着木质线轴，小北双手举起鸳鸯风筝。小东大声说了一句"松手"，在绿油油的草地上迅速地跑了起来。春风轻轻地吹拂着，鸳鸯风筝随风飞舞。芳芳高兴地跳起来："风筝飞得好高啊！"

兰兰、小东、小北不约而同地抬起头，天空中不仅有美丽可爱的鸳鸯风筝，还有惟妙惟肖的蜈蚣风筝、搏击长空的老鹰风筝、在云海中游来游去的金鱼风筝……

兰兰高兴地说："下周末，我们还来放风筝……"

绿油油的草地上空，回荡着他们爽朗的笑声。

第三单元 中华传统节日

一、教材分析

第三单元的主题是：中华优秀传统文化。

习作内容：中华传统节日。

本单元的习作要求是：收集传统节日的资料，交流节日的风俗习惯，写一写过节的过程。

在综合性学习中，能用不同方式收集介绍我国传统节日的资料，并记录这些节日的相关风俗；能就自己感兴趣的一个传统节日完成一篇习作，把过节的过程写清楚；也可以写节日中发生的印象深刻的故事。

这次习作，教师引领学生习得方法——用不同方式收集介绍我国传统节日的资料，记录节日的风俗习惯。

二、教学目标

1.能小组分工合作，用不同方式收集介绍我国传统节日的资料，并记录这些节日的风俗习惯。

2.能选择自己感兴趣的一个传统节日写一篇习作，写清楚过节的过程或者节日中发生的印象深刻的事。

3.能与同学分享习作，并能根据同学的意见修改习作。

4.通过对中国传统节日的认识和理解，培养学生对中国传统文化的热爱之情，弘扬民族精神，激发爱国热情。

三、教学重点

能选择自己感兴趣的一个传统节日写一篇习作，写清楚过节的过程。

四、教学难点

能与同学分享习作，并能根据同学的意见修改习作。

五、教学准备

教师：
制作课件。
学生：
完成自学单。

自学单			
我喜欢的中华传统节日			
别名			
传统习俗			

六、教学时间

2课时

七、教学过程

第一课时

（一）谈话导入

1.同学们，让我们一起观看一段视频，然后请你告诉大家你看到了什么情景。

2.春节是我国最盛大、最热闹的一个古老的传统节日，俗称"过年"，在这一天，人们会做什么呢？

3.这堂课，让我们一起走进中华传统节日。

（二）走进节日

1.除了春节，你还知道哪些中华传统节日？

2.中国传统节日的起源和发展是一个逐渐形成的、悠久的过程，每个节日都是我们中国特有的，带有浓厚中国文化韵味的节日。

3.你能不能将这些中华传统节日以时间为序，给它们重新排序？

4.让我们一起读一读：春节、元宵节、清明节、端午节、中秋节、重阳节、冬至节、腊八节。

（三）分享节日

1.课前，同学们收集了自己最感兴趣的传统节日的习俗资料，现在就让我们一起来展示，共同分享。

2.学生分享。

自学单	
我喜欢的中华传统节日	元宵节
别名	上元节、灯节
传统习俗	看花灯、猜灯谜、吃元宵

自学单	
我喜欢的中华传统节日	中秋节
别名	拜月节、月亮节、团圆节
传统习俗	赏桂花、赏月亮、吃月饼

自学单	
我喜欢的中华传统节日	重阳节
别名	老年节、登高节
传统习俗	登高祈福、秋游赏菊、佩插茱萸

3.比较这些传统节日中的习俗，有相同点，你发现了吗？

4.中国有着很多传统节日，而那些传统节日里面都有一些特定的活动和特定的美食。

（四）记录节日

1.明明同学用文字记录下了自己经历的"端午节"，在这个传统节日里，他经历了什么呢？

端午节

农历五月初五，是我国的传统节日——端午节，又称端阳节、五月节等。每逢这一天，家家户户都要吃粽子，挂艾草，放纸鸢，有的地方还要赛龙舟。

端午节这一天，我家也要包粽子。一大早，妈妈就开始洗粽叶，淘糯米，端来蜜枣、豆馅、果子……看着妈妈娴熟地包粽子，我羡慕极了。在我的央求下，妈妈答应教我了。我学着她的样子，先将两张宽大的粽叶叠在一起，卷成一个圆锥状；又把泡好的糯米和蜜枣放进粽叶里；再把上面的粽叶向下折，折至完全包住糯米；最后用棉线将其捆起来。一个"三角粽"就这样包好了。虽然看着有点"丑"，但这是我亲手包的。

粽子煮熟了，满屋都弥漫着清新的粽叶香。端午节，一个传统的节日，更是一个充满温馨的节日。

2.在这个传统节日里，小作者经历了什么呢？（包粽子）

3.小作者在第几自然段详细讲述了包粽子的过程。

4.小作者的家里准备了哪些食材？小作者是如何包粽子的？

5.读一读这段话，想一想：小作者包一个粽子，需要几步？小作者使用了哪些词语将这几步连接在了一起？

课件出示：

我学着她的样子，㊉将两张宽大的粽叶叠在一起，卷成一个圆锥状；㊥把泡好的糯米和蜜枣放进粽叶里；㊐把上面的粽叶向下折，折至完全包住糯米；㊑后用棉线将其捆起来。

6.小作者在讲述包粽子的过程时，使用了哪些动词？

7.让动词走进句子，我们读起来，眼前仿佛出现了小作者包粽子的情景。

8.在这篇习作中，除了详细地讲述包粽子的过程，小作者还写了什么呢？

9.这篇习作中，小作者先写了什么呢？再写了什么呢？最后写了什么呢？

课件出示：

开头：节日名称，别名，习俗

端午节 中间：包粽子的过程 准备食材：粽叶，糯米，馅料

制作过程：先……又……再……最后

结尾：内心的感受

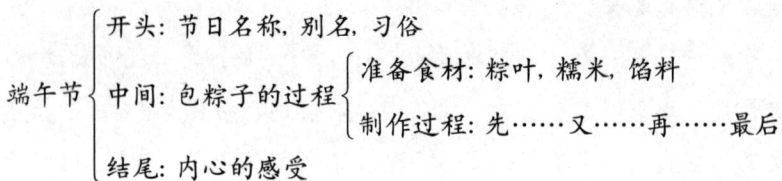

10.当你下笔完成这篇习作的时候，也可以像小作者那样，先写节日名称、别名、习俗；再写制作美食的过程；最后写内心的感受。

（五）撰写节日

1.你对哪个节日最感兴趣呢？节日里发生的印象深刻的事情是什么呢？小组内的同学来分享分享吧。

2.哪位同学愿意和大家分享分享呢？

3.教师小结：同学们分享了自己感兴趣的节日，还分享了节日里留给自己印象深刻的事情。有的同学分享了两三件事，完成习作的时候，可以选择给你留下印象最深刻的一件事来写。这样，也一定会给读者留下深刻的印象。

第二课时

（一）走进节日的诗歌

1.同学们，老师阅读了大家完成的习作，走进了一个又一个传统节日，感受到了节日中丰富多彩的习俗，更感受到了家中浓浓的温馨的气氛。

2.有的同学提起笔，在稿纸上写下了这样的语句。请你小声地读一读。

课件出示：

"春节到，人欢笑，贴窗花，放鞭炮……"我们说着，笑着，来到了小区中央，开始放烟花啦！

"爆竹声中一岁除，春风送暖入屠苏。"过年了，按照传统习俗，总是要有爆竹来烘托"年"的气氛。

3.你发现这两段话有没有相同点？

4.教师小结：段落中引用了歌谣、诗句，读起来朗朗上口，而且还让语句中增添了浓浓的"诗"的味道。

5.有的同学发现这与春节有关的歌谣出自我们学习过的《传统节日》。谁能给大家读一读？

课件出示：

传统节日

春节到，人欢笑，

贴窗花，放鞭炮。

元宵节，看花灯，

大街小巷人如潮。

清明节，雨纷纷，

先人墓前去祭扫。

过端午，赛龙舟，

粽子艾香满堂飘。

七月七，来乞巧，

牛郎织女会鹊桥。

过中秋，吃月饼，

十五圆月当空照。

重阳节，要敬老，

踏秋赏菊去登高。

转眼又是新春到，

全家团圆真热闹。

——摘自统编版《语文》二年级下册《传统节日》

6.在这首《传统节日》里，作者提到了哪些传统节日呢？

7.与传统节日有关的古诗，你能背一背吗？

8.教师小结：我们学习过的《元日》《清明》《九月九日忆山东兄弟》，展现了春节、清明、重阳节的情景。在完成习作的时候，可以引入歌谣，还可以引入古诗，让习作中增添浓浓的"诗"的味道。

（二）走进节日的习俗

1.有一位同学在习作中记叙了家中煮汤圆的过程，你想不想读一读呢？

课件出示：

水烧开了，汤圆，终于可以下锅了。妈妈先小心翼翼地把汤圆贴着锅边滚下去，用长柄铁勺顺着锅边慢慢推。然后盖上锅盖，我和妈妈耐心地等待着。水又烧开了，妈妈掀开锅盖。她往锅里倒入了一些凉水，盖上锅盖。水再一次烧开，妈妈掀开锅盖，妈妈再一次往锅里倒入了凉水，再一次盖上锅盖……汤圆端上桌，我迫不及待地尝了一口，软软的，滑滑的。

2.小作者和妈妈一起煮汤圆时，经历了几个步骤？

课件出示：

$$
煮汤圆 \begin{cases} 汤圆下锅 \\ 盖上锅盖 \\ 倒入凉水 \\ 再倒凉水 \\ \cdots\cdots \\ 端上餐桌 \end{cases}
$$

3.小作者选用了哪些词语，将这一步步连接起来？

4.请你再读这段话，评一评，可以先谈优点，再谈不足。

5.读了这段话，让我们了解到了如何煮汤圆，但是读起来，一点也不觉得生动有趣。倘若加上了对汤圆的描写，恐怕就不一样了。

课件出示：

学习单

水烧开了，汤圆，终于可以下锅了。妈妈先小心翼翼地把汤圆贴着锅边滚下去，用长柄铁勺顺着锅边慢慢推，＿＿＿＿＿＿＿＿＿。然后盖上锅盖，我和妈妈耐心地等待着。水又烧开了，妈妈掀开锅盖，＿＿＿＿＿＿＿＿＿。她往锅里倒入了一些凉水，盖上锅盖。水再一次烧开，妈妈掀开锅盖，＿＿＿＿＿＿＿＿＿＿＿。妈妈又一次往锅里倒入了凉水，盖上锅盖……汤圆端上桌，我迫不及待地尝了一口，软软的，滑滑的。

6.请你在"学习单"上补充看到"汤圆"的样子的描写，一会儿集体分享。

7.谁愿意读一读？

8.老师也在学习单上，把这段话补充完整了，想不想听一听？

课件出示：

水烧开了，汤圆，终于可以下锅了。妈妈先小心翼翼地把汤圆贴着锅边滚下去，用长柄铁勺顺着锅边慢慢推，<u>一个个调皮的汤圆开始了顺时针长跑运动。</u>然后盖上锅盖，我和妈妈耐心地等待着。水又烧开了，妈妈掀开锅盖，<u>白白胖胖的汤圆在水里上下翻滚。</u>她往锅里倒入了一些凉水，盖上锅盖。水再一次烧开，妈妈掀开锅盖，<u>汤圆一下子变得更胖了，你挤我，我挤你，好像一颗颗硕大的雪白的珍珠。</u>妈妈再一次往锅里倒入了凉水，再一次盖上锅盖……汤圆端上桌，我迫不及待地尝了一口，软软的，滑滑的。

9.请你来点评点评。

10.当我们在描写"煮汤圆"的过程的时候，一是要把步骤写清楚；二是在煮的过程中，把你看到的情景写清楚，如果能够融入你的想象，那笔下的文字一定更加生动有趣。

（三）修改自己的习作

1.同学们，请拿出你的习作，找到节日里给自己留下深刻印象的那件事，细细地阅读，想一想，这部分内容表达有序吗？读起来吸引读者吗？自己一边默读，一边修改。

2.把你修改后的内容给同桌看一看，请他提一提意见。

3.谁愿意分享自己的修改成果？

4.习作，在一次次修改中更加完美。

5.回去之后，给你的爸爸妈妈读一读你的习作，请他们给你提一提意见，然后将习作工整地誊抄到稿纸上。

（四）分享修改的故事

1.最后，我们再来分享一则关于修改的故事。

课件出示：

勇敢地扔掉

俄国作家果戈理经常烧掉他认为是"不成功"的作品。有一次，他把自己刚完成的剧本有声有色地朗读给著名诗人茹科夫斯基听。看到茹科夫斯基打起了瞌睡，他觉得这位诗人的"瞌睡就是最好的批评"。于是，他毫不犹豫地把自己的新剧本投入火中烧掉了。

契诃夫说得好："写得好的本领，就是删掉写得不好的地方的本领。"

2.谁知道，老师为什么和大家分享这则关于修改的故事？

3.如果你对"中华传统节日"这篇习作不满意，可以像作家果戈理那样重新写一篇。

八、佳作分享

节日里的春联

不知不觉，春节临近了。在我们这里，每到腊月二十九的晚上，家家户户都要贴春联。我家也不例外。

妈妈小心翼翼地拿来了春联和胶棒，红彤彤的纸上写着：天增岁月人增寿，春满乾坤福满楼。横批是：四季长安。每一个字苍劲有力。妈妈笑着说："你知道，这'对联'为什么叫'春联'吗？"这可难不倒我，我想了想，说："因为这对联是春节时贴的，所以叫'春联'。""是啊！还是女儿聪明！"在一旁的爸爸给我竖起了大拇指。

我搬起了餐椅，放到了防盗门外面。我拿起了上联，四周均匀地涂抹上固体胶。我小心地踩上餐椅，把上联贴到墙上，问妈妈："妈妈，你看，上联贴得正不正？"妈妈仔细地端详了一下，说："右上角再高一点，就好了。"就这样，贴好了上联、下联、横批，我们全家一起读起来："天增岁月人增寿……"

春联，给春节增添了喜庆的气氛，包含着对家人在新的一年里的祝福，它是中华民族的文化瑰宝。

第四单元　我做了一项小实验

一、教材分析

第四单元的主题是：观察与发现。

习作内容：我做了一项小实验。

本单元的习作要求是：观察事物的变化，把实验过程写清楚。

在教学中，教师借助图表帮助学生回忆实验情景。图表中包括"实验名称""实验准备""实验过程""实验结果"，鼓励学生借助图表梳理实验的关键要素。写的时候，可以用上表示先后顺序的词语，把实验过程写清楚；写写自己做实验时的心情和有趣的发现。

这次习作，教师引领学生习得方法——借助图表整理小实验的主要信息，学习按照一定的顺序写清楚小实验过程。

二、教学目标

1.能借助图表记录自己做过的一项小实验，能按顺序将实验过程写清楚。

2.写出实验过程中自己的心情，培养学生认真观察、仔细思考的习惯。

3.能根据要求与同学互评习作，并尝试用修改符号修改自己的习作。

三、教学重点

能按顺序将实验过程写清楚，写出实验过程中自己的心情。

四、教学难点

能根据要求与同学互评习作，并尝试用修改符号修改自己的习作。

五、教学准备

教师：
制作课件，印学习单。
学生：
准备：一把钢尺，一根吸管，红色碎纸屑。

六、教学时间

2课时

七、教学过程

第一课时

（一）谈话导入

1.世界上什么最神奇？科学的力量最神奇。科学，能让"蛟龙号"潜入深海数千米；科学，能让载人飞船遨游太空；科学，能让远隔重洋的亲人面对面地对话……科学能够改变世界，科学能够创造未来。今天，我们做一个科学小实验。

2.做这项小实验，需要准备哪些器材？我们一起来看。谁能说一说，请用上数量词。

3.这三样普通的事物：一把钢尺，一根吸管，红色碎纸屑，可以用来完成什么实验呢？一起期待。

（二）观察实验

1.请你仔细观察，留意观察中的发现和自己的心情。教师演示：手拿一把钢尺，在头发上反复摩擦，然后去吸桌子上的碎纸屑。

2.你看到老师是如何做的？谁来说一说？

（三）学习表达

1.现在请你填写学习单，填写"第一次实验""写发现""写心情"。

课件出示：

我做了一项小实验	
实验名称：	
实验准备：	一把钢尺，一根吸管，红色碎纸屑
实验过程：	

（续表）

我做了一项小实验	
第一次实验	
写发现	
写心情	
第二次实验	
写发现	
写心情	
实验原理	

2.谁来读一读你的发现？

学生分享：

那些红色的碎纸屑在讲桌上一动也不动。

3.如果你把那些碎纸屑当作一个个有鲜活生命的小精灵，你会怎么说，怎么写呢？让你笔下的文字更有趣味。你读一读，再来修改修改。

4.谁再来分享？同学读后，请你来点评点评。

学生分享：

谁知，那些红色的碎纸屑竟然纹丝不动，依旧乖乖地躺在讲桌上，好像在甜甜地酣睡呢。

5.教师小结："乖乖""躺""酣睡"，这些词语走进了句子，把碎纸屑当作了一个个可爱的小伙伴，读起来，多么有意思啊！

6.谁来分享你的心情？

学生分享：

脸上的兴奋一扫而光。

真令人有些失望。

7.老师也写下了自己的心情，请你来读一读，说说你的感受。

课件出示：

没想到这把小钢尺轻轻地拍在它们身上都没能把它们叫醒。

8.老师写下的这句话流露出了怎样的心情？你是从哪些词语体会到的？

9.你再来读一读你写的文字，体会体会能真实地表达出你的心情吗？

10.如果你把"老师所做的""你所看到的""你的心情"这三部分内容连在一起，就是一段话，记叙了第一次实验的过程。

（四）再次实验

1.请你仔细观察，留意观察中的发现和自己的心情。教师演示：手拿一根吸管，在头发上反复摩擦，然后去吸桌子上的碎纸屑。

2.你看到老师是如何做的？谁来说一说？

（五）再次表达

1.现在请你填写学习单，填写"第二次实验""写发现""写心情"。

2.谁来读一读你的发现？

学生分享：

碎纸屑纷纷睡醒了，睁开了蒙　的睡眼，在讲桌上跳起了欢乐的舞蹈。

当一根塑料吸管慢慢靠近碎纸屑的时候，奇迹发生了，碎纸屑像长了翅膀一样，"飞"了上去，紧紧地粘在了塑料吸管上。

3.此刻，你心情怎样？谁来分享？

学生分享：

啊！真是太神奇了！

奇迹发生了！所有的同学都欢呼起来！

4.你能不能将"老师所做的""你所看到的""你的心情"这三部分内容连在一起，读一读呢？

学生分享：

老师拿起一根塑料吸管，接着在头发上摩擦啊摩擦，然后拿起吸管慢慢地靠近那些熟睡的碎纸屑。哈哈！见证奇迹的时候到了！那些红色的碎纸屑在讲桌上不约而同地跳起了欢乐的舞蹈。有的碎纸屑更是调皮，纷纷吸附在了塑料吸管上，好像是老朋友见面拥抱在一起似的。真是太神奇了！

5.谁来点评点评？

6.小作者之所以将这段话写得这样生动有趣，源于小作者在细致观察的基础上，进行了丰富的想象。把看到的与想到的结合在一起写，笔下的文字就生动有趣了。

（六）追溯原因

1.你能给这个小实验取个名字吗？这个名字，既可以作为实验的名称，也可以作为习作的题目。

2.为什么会这样呢？这里面隐藏着什么样的秘密？让我们一起观看一段视频，了解其中的奥秘吧。

（七）下笔成文

同学们，让我们用文字记录下这个有趣的实验吧！写的时候，不但要讲清楚实验的过程，还应把语句说得生动有趣。

第二课时

（一）导入新课

1.一项小小的实验，让大家对科技产生了兴趣；一篇篇小小的习作，让读者产生了阅读这篇习作的兴趣。那小作者是如何做到的呢？

2.让我们走进这堂习作评改课。

（二）领悟表达：设有悬念

1.请你小声地读一读这段话，你读完之后，有什么感受？

课件出示：

你知道吗？小纸屑竟然可以欢乐地翩翩起舞？在今天的习作课上，我亲眼见到了这一幕。

2.哪些语句让你产生了急切阅读下文的欲望？

3.教师小结：这项实验的结果出人意料，所以习作一开篇就写实验的结果，自然就引起了读者阅读下文的兴趣。

（三）领悟表达：流露心情

1.你来读一读这位小作者的习作片段，想一想：哪些语句让你十分欣赏？

课件出示：

老师先从讲桌上拿起一把钢尺，接着在头发上反复摩擦，这是要干什么？同学们的眼睛都瞪得大大的。然后他用钢尺慢慢地靠近讲桌上的红色碎纸屑，这时有的同学竟然不由自主地站了起来，生怕错过了见证奇迹的时刻。大家等了好久，也没有看到"奇迹"，碎纸屑依旧在讲桌上呼呼地酣睡。有的同学失望地叹了口气。

2.在这段话中，小作者运用了哪些表示事情先后顺序的词语？这样写有什么好处呢？

3.在这段话中，"这是要干什么"可以删掉吗？为什么？

4.教师小结："这是要干什么"不仅流露出了小作者心中的好奇，

也激起了读者阅读下文的兴趣。

5.在这段话中，哪些语句是描写同学们的？你从这些语句中体会到了同学们的心情有着怎样的变化？

6."同学们的眼睛都瞪得大大的"流露出了同学们的惊奇；"有的同学竟然不由自主地站了起来"流露出了同学们的急切；"有的同学失望地叹了口气"流露出了同学们的失望。

7.如果把这段话中描写同学们的语句去掉，好不好？为什么？

8.教师小结：当我们从描写同学们神态、动作的语句中，体会到了他们的心情，这样就自然地让读者感受到了实验时浓浓的气氛。

（四）领悟表达：学习修改

1.有的小作者在描写第二场实验的时候，语段中出现了小小的疏忽，你能用修改符号帮他修改修改吗？我们先来复习一下常用的五种修改符号：表示添加；表示替换；表示对调；表示移动；表示删除。

2.请你拿出学习单，帮助这位小作者修改修改吧。

课件出示：

学习单

用修改符号进行修改。

他拿起塑料吸管一根，又放到了自己头上，快速地摩擦。在一次靠近那些躺在讲桌上酣睡的碎纸屑。"跳舞啦！"有的同学兴奋地喊了起来。不知怎的，小纸屑一下子从睡梦中惊醒过来，伸了伸懒，跳起了优秀的舞蹈。真是一项神奇的实验！

3.谁来分享你的修改？

4.同学们读得非常细致，需要修改的地方一处都没有漏掉。谁来读一读修改后的语段？

课件出示：

他拿起一根塑料吸管，又放到了自己头上，快速地摩擦。再一次靠近那些躺在讲桌上酣睡的碎纸屑。"跳舞啦！"有的同学兴奋地喊了起来。不知怎的，小纸屑一下子从睡梦中惊醒过来，伸了伸懒腰，跳起了优美的舞蹈。这真是一项神奇的实验！

5.教师小结：修改，让习作变得更加完美。希望大家每次完成习作后，都能拿起习作细心地读一读，一边朗读一边修改。

（五）领悟表达：承上启下

1.这次习作是记叙实验的过程。"摩擦起电"小实验一共做了两次，那么这两次实验之间，需要写些什么呢？让它们之间紧密地联系起来。

课件出示：

老师先从讲桌上拿起一把钢尺，接着在头发上反复摩擦，这是要干什么？同学们的眼睛都瞪得大大的。然后他用钢尺慢慢地靠近讲桌上的红色碎纸屑，这时有的同学竟然不由自主地站了起来，生怕错过了见证奇迹的时刻。大家等了好久，也没有看到"奇迹"，碎纸屑依旧在讲桌上呼呼地酣睡。有的同学失望地叹了口气。

他拿起一根塑料吸管，又放到了自己头上，快速地摩擦。再一次靠近那些躺在讲桌上酣睡的碎纸屑。"跳舞啦！"有的同学兴奋地喊了起来。不知怎的，小纸屑一下子从睡梦中惊醒过来，伸了伸懒腰，跳起了优美的舞蹈。真是一项神奇的实验！

2.谁来分享？

学生分享：

老师继续实验，接下来会出现奇迹吗？

看着大家失望的表情，老师说："接下来，一定不会令大家失望。"真的吗？我有点不太相信。

……

3.添加的部分放在第一自然段的末尾，还是放在第二自然段的开始？

4.教师小结：添加的部分就像一座桥，一头连接上文，一头连接下文。我们给它起个名字——过渡句。有了它，这两个自然段就紧紧地连接在了一起。另外，同学们添加的部分中，流露出了心中的疑问。观察中主动思考、提出问题是个好习惯。

（六）小试身手：自读自改

1.铺开你的习作，再来细致地读一读，评一评：实验过程是否写清楚了？有没有用得不合适的词语？在修改的时候，可以用上修改符号。

2.谁来分享：你在哪些地方进行了修改？

3.即将下课了，老师再和大家分享一个关于"修改"的故事。

课件出示：

39次修改

海明威写作态度极其严肃，十分重视作品的修改。他每天开始写作时，先把前一天写的读一遍，写到哪里就改到哪里。全书写完后又从头到尾改一遍；草稿请别人打字，形成打印稿后改一遍；最后等清样出来时，再改一遍。他认为进行三次大修改是写好一本书的必要条件。他的长篇小说《永别了，武器》初稿写了6个月，修改又花了5个月，清样出来后还在改，最后一页一共改了39次才满意。

4.听了这则故事后，你有怎样的感受？

5.教师小结：写作是一件严肃的事情，每一次的写作都是一次历练自己深入思考的过程，追求完美，笔下才会呈现出完美的作品。

6.今天的作业是，再次修改你的习作，然后工整地抄写在稿纸上。

八、佳作分享

神奇的实验——摩擦起电

习作课上，老师说："我们要做一项小实验，准备的几项实验器材，都是生活中常见的，有钢尺、塑料吸管，还有碎纸屑。"这是要做一项怎样的实验呢？我的心里充满了好奇。

老师微笑着，先从讲桌上拿起了一把钢尺，接着放在头发上来回地摩擦，然后慢慢地靠近讲桌上的碎纸屑……本以为会有什么奇迹发生，真没想到碎纸屑却一动不动，依旧乖乖地躺在讲桌上。

老师看我们有些失望，笑着说："别急，见证奇迹的时刻到了！"同学们一听，再次瞪圆了眼珠，来了几分兴致。老师拿起了一根塑料吸管，接着在头发上反复摩擦，然后慢慢地靠近了那些碎纸屑。啊！奇迹出现了！那些碎纸屑犹如听到了美妙的音乐，手舞足蹈起来，像一个个活泼的孩子。大家的眼睛里充满了惊讶。

科学的世界里充满了神奇，这堂课让我喜欢上了科学小实验。

第五单元 奇妙的想象

一、教材分析

第五单元是习作单元：大胆想象。

习作内容：奇妙的想象。

本单元的习作要求是：发挥想象写故事，创造自己的想象世界。

本单元的习作任务是写一个想象故事。"初试身手"中提供了2个想象故事的开头，"习作"中提供了7个题目，以富有想象力的内容、题目激发学生的表达兴趣。在单元习作的教学中，用好精读课文的资源和习作例文，将单元习作与精读课文、习作例文建立联系。

这次习作，教师引领学生习得方法——大胆想象；学习"反复"的表现手法，使文章格式整齐有序，而又回环起伏，充满语言美。

二、教学目标

1.能借助习作例文进一步体会丰富与神奇的想象。

2.大胆想象，写一个想象故事。

3.在阅读例文中学习"反复"的表现手法。

4.能欣赏同伴习作并提出修改建议。

三、教学重点

借助习作例文进一步体会丰富与神奇的想象，大胆想象，写一个想象故事。

四、教学难点

引导学生将大胆自由的想象应用于习作中。

五、教学准备

教师：
制作课件，印学习单。
学生：
四位同学为一小组，推选小组长。

六、教学时间

2课时

七、教学过程

第一课时

（一）激趣导入

1.同学们，走进了第五单元，我们阅读了两篇充满奇思妙想的故事。《宇宙的另一边》藏有很多奇妙的秘密；《我变成了一棵树》，树上长满了各种形状的鸟窝，还遇到了许多好朋友……

2.想象是一件快乐的事情！今天老师想邀请大家和我一起登上"奇思妙想号"，在想象的世界里进行闯关大比拼，你们想参加吗？闯关成功的同学，将获得积分卡。

（二）闯关游戏：读故事，感悟密码

1.第一关：读故事，感悟密码。铅笔是我们的老朋友了，但它老憋在抽屉里，会有好多好多梦想。翻开书，读读这个故事，想一想：铅笔会有哪些梦想？你可以用"直线"标一标。

2.铅笔实现了梦想后，要做什么呢？你可以用"括号"标一标。它又有怎样的感受呢？你可以用"曲线"标一标。

3.你小声地读一读第一个梦想，想一想：作者先写了什么，再写了什么，最后写了什么。

课件出示：

第一个梦想，是溜出教室。（知道我要做什么吗？我要到山坡上，长出嫩嫩的芽儿；还在头顶上，开出一朵漂亮的花儿。蝴蝶啊蜜蜂啊，就猜不出我是谁了。）哈，多么好玩！多么开心！

4.教师小结：作者写铅笔的梦想时，将它的梦想、实现梦想后要做什么和它的感受结合在一起写，写得多么清楚，多么具体。作者运用这样的方式，一连写了5个梦想，构成了"反复"的表现手法，使文章格式整齐有序，这就是隐藏在文章中的结构密码。

5.你想过没有：铅笔为什么想长成长长的豆角或者伪装成嫩嫩的丝瓜？它为什么想为小松鼠当撑竿，为小猴子当标枪呢？

6.这就是隐藏在故事中的想象密码：铅笔和想象的事物有着相同的特点——又细又长，这样的想象自然、合理。

7.请同学们拿出学习单，想一想铅笔还会有什么梦想？要大胆想象，把它写下来。

课件出示：

学习单

第一个梦想，是_____。知道我要做什么吗？我要_____

_____

_____。哈，多么好玩！多么开心！

8.谁来分享？老师会奖励大胆想象的同学积分卡。

学生分享：

第一个梦想是跑到茂密的竹林里。知道我要做什么吗？我要做一棵笔直的绿竹，长啊长啊，直插到"棉花糖"里面去。我要亲口尝一尝这雪白的"棉花糖"到底有多甜。哈，多么好玩！多么开心！

……

9.教师小结：如果把大家写的合并在一起，又一篇《一支铅笔的梦想》诞生了。当我们阅读一篇文章，学习这篇文章是如何构段的，借鉴文章中的表达方法，这样一篇新的习作就诞生了。

（三）闯关游戏：读故事，激发想象

1.当你读到这个题目——《尾巴它有一只猫》，有什么感受呢？

2.俗话说：题好文一半。意思是说好的题目在一篇文章中，占了成功的一半分量。所以，一定要给你笔下的习作起一个好题目。翻开书，读一读《尾巴它有一只猫》，想一想：尾巴怎么能有一只猫呢？

3.这也是隐藏在故事中的想象密码：像这样反方向去想象，想象一定会有趣。

4."尾巴它有一只猫""喜欢睡觉的风"……你还想到了什么新鲜有趣的说法？展开想象说一说，你将有机会获得积分卡。

学生分享：

橡皮它有个小马虎　爱哭的太阳　铅笔它不爱说话

5.教师小结：同学们发挥了自己丰富的想象，表达的内容多么新

鲜有趣，我相信把这些奇妙的想象写下来，读者一定会非常喜欢阅读的。

（四）闯关游戏：编故事，放飞想象

1.在炎炎的夏天，尤其是到了午后，你会有什么感觉？是啊，正是小瞌睡虫找到了你们，才让你们昏昏欲睡。瞌睡虫的朋友可多了，如果瞌睡虫找到它的朋友"红绿灯"，会闹出什么笑话或者不必要的麻烦呢？

2.学生分享：

瞌睡虫见到了好朋友"红绿灯"，它们开心地聊起天来。此时，"红绿灯"显示的是红灯亮，由于它们聊得太投入了。"红绿灯"忘记了自己的职责，马路上的汽车静静地等啊等啊，就是看不到亮起的绿灯。任凭司机怎样鸣笛，仍然起不到任何作用。瞌睡虫聊累了，准备飞走了。好朋友"红绿灯"告诉它，走吧，我也困得不行，决定好好睡一觉。不知道是哪位司机报了警，说这里的红绿灯出现了故障。随后，交警叔叔来到这里，换掉了这个不称职的"红绿灯"。

3.同学们创编的故事多么奇特，多么有趣啊！

4.瞌睡虫还会去找大自然中的哪些朋友呢？又会闹出什么笑话或引起不必要的麻烦？请同学们根据故事的开头接着往下编故事。四位同学为一个小组，看哪个小组想得奇特有趣，小组中所有成员将有机会获得积分卡。

课件出示：

学习单

故事开头	夏天到了，瞌睡虫王国一片沸腾。它们纷纷飞出洞口，去寻找自己的朋友……
展开想象	1.瞌睡虫还会去找大自然中的哪些朋友呢？
	2.又会闹出什么笑话或引起不必要的麻烦？

5.学生分享：

在炎热的下午，一只名叫洋洋的瞌睡虫高兴地飞出洞口，要找自己的好朋友托拉小火车。可是，托拉小火车已经驶出了冒险岛。洋洋决定，要追上自己的好朋友。洋洋飞呀飞呀，终于见到了好朋友托拉。他们开心地畅聊起来，以至于忘记了走岔道，托拉拍了拍自己的脑门，懊悔地说，开车时不该聊天。

6.教师小结：同学们创编的故事非常新颖有趣，从人名到地名的确定，再到故事的创编，都融入了同学们的思考。思考，让我们收获了奇妙的故事。

（五）闯关游戏：写故事，融入想象

1.当你看到下面这些题目时，哪一个激发了你无穷的遐想呢？
课件出示：

最好玩的国王	一本有魔法的书	
小树的心思	躲在草丛里的星星	手罢工啦
滚来滚去的小土豆	假如人类可以冬眠	

2.谁来和大家分享你的想法？

3.课后，我们选择一个题目写一个想象故事，也可以写其他的想象故事。大家一定要大胆想象，创造出属于自己的想象世界。

第二课时

（一）品读题目

1.爱因斯坦曾经说："想象力比知识更重要。"这节课，让我们遨游在想象的世界里，感受想象的奇妙与有趣。

2.小声地读一读下面的这些题目，你最想先读哪篇习作？

课件出示：

一杯红色的牛奶	万能手表
魔力拐杖	时光倒退门
月亮姐姐讲故事	电脑糊涂了

3.教师小结：一个好的题目足以能吸引读者的眼球，激发读者阅读习作的兴趣。

4.从这几个题目中，挑选出你最感兴趣的一个，猜一猜：习作中，作者会写些什么呢？

学生分享：

在《万能手表》这篇习作中，我猜它一定可以拍照；又可以听音乐；当你迷路的时候，手表可以为你导航……

在《月亮姐姐讲故事》习作中，我想月亮姐姐可能在讲《牛郎织女》的故事，小马、小鹿、小牛……它们可喜欢听了。

《魔力拐杖》中的"拐杖"一定无所不能，如果要是饿了的话，"拐杖"轻轻地敲一敲餐桌，餐桌上就会出现美味的面包。

《一本有魔法的书》，翻开这本书，就能听到美妙的朗读；一个个生动的故事娓娓道来。

……

（二）品读习作

1.是不是这样的？让我们用掌声有请《万能手表》的小作者和大家分享习作片段，分享后，我们请同学来点评：小作者在习作中是否展开了大胆的想象。

课件出示：

"万能手表，请你带我飞！"当我对着万能手表说出心中的愿望时，我的肩膀上立刻出现了一对又细又长的翅膀。我轻轻地扇动着翅膀，慢慢地起飞了。树梢在我的脚下，电线杆也在我的脚下……啊！

我看到了自由自在的红金鱼风筝！"红金鱼，我们来玩捉迷藏吧！"听到了我的邀请，红金鱼冲我摆了摆尾巴，在云海中兴奋地穿来穿去。我追啊追啊，每次都与它擦肩而过。虽然没能追上红金鱼，但心中充满了欣喜和快乐。

2.让我们来分享：小作者在习作中是否展开了大胆的想象。

3.教师小结："万能手表"能帮助小作者实现愿望，肩膀上还能长出翅膀，在天空中自由飞翔，多么神奇啊！

4.《一本有魔法的书》也受到了大家的青睐，让我们请小作者读一读习作中最精彩的片段。

课件出示：

在一个无人问津的山洞里，我们发现了一本闪闪发光的书。难道这是一本传说中有魔法的书吗？我轻轻地翻开这本书，小声地念着书页上的文字。当我念到"桃花"，书页间就闪现出粉嫩粉嫩的桃花；当我念到"绿草"，书页间就闪现出嫩绿的草芽；当我念到"动车"，书页间就闪现出风驰电掣的复兴号列车……无论你念到什么，书页间瞬间就会出现什么。真是太神奇了！这本书太好玩了！"你愿意跟我回家吗？"我迫切地问它。没想到，它竟然可以说话："好啊！"

5.让我们来分享：小作者在习作中是否展开了大胆的想象。

6.教师小结：这本书的神奇之处在于可以根据声音呈现出事物，还可以跟人进行语言沟通，真是一本有魔法的书！

7.很多同学喜欢《月亮姐姐讲故事》，恐怕是想知道月亮姐姐讲了一个怎样的故事。有请小作者给大家读一读其中的片段。

课件出示：

夜幕降临了，月亮姐姐推开了玻璃窗。窗外，小星星们搬来了小板凳，已经坐好了，静静地等待着月亮姐姐讲故事。

月亮姐姐微笑着说："小星星们，又到了故事会的时间了。有一只可爱的蜗牛，虽然个头小，但志向却很大。它有一个梦想，就是想爬到云朵上去。它特别想在云海里洗个澡。于是，它慢慢地爬上了一棵高大挺拔的杨树……"小星星们听得可专注了。

"呼——呼——"一阵阵狂风吹来，吹得小星星们感到有些寒冷。"月亮姐姐，你好啊！我也来听故事了！"原来是风妹妹跑来了。

8.让我们来分享：小作者在习作中是否展开了大胆的想象。

9.教师小结：小星星们听月亮姐姐讲故事，蜗牛想到云海里洗个澡，风妹妹也跑来了，可见小作者的想象力多么丰富啊！

（三）支招分享

1.在这一单元的学习中，我们阅读了顾鹰的作品《我变成了一棵树》。在阅读大家的习作时，我看见有位同学创作了一篇《我变成了一棵苹果树》。我们一起读一读，评一评。

课件出示：

我变成了一棵苹果树

春天的时候，我好想变成一棵苹果树。我举起灵验的如意：如意如意，让我变成一棵苹果树吧。我真的成了果园里一棵粗壮的苹果树。

如今，已经到了秋天，我的枝丫上长满了又大又红的苹果，犹如一个个红彤彤的小灯笼。小白兔、小喜鹊、小蜗牛、小松鼠纷纷在我的树顶上安了家。它们举办了一个快乐的丰收节。

2.有的同学说，这篇习作在想象上不够大胆，在内容上不够具体，四个同学为一小组，想一想：如何帮小作者修改呢？

3.学生分享：

《我变成了一棵树》中，作者描写了书上长满各种形状的鸟窝。在《我变成了一棵苹果树》的习作中，也可以写一写树上的鸟窝都是什么形状的。

我觉得"它们举办了一个快乐的丰收节"没有具体写什么时间举办的，在哪里举办的，怎样举办的，这些内容可以写进习作中。

在《我变成了一棵树》中，作者通过描写小动物们的语言和动作，让我们一下子想象出了当时的情景。在《我变成了一棵苹果树》的习作中，小作者也可以描写小动物们的动作和语言，这个故事会更加生动。

如果想象再神奇一些，可以是：小动物们摘了一个苹果，树上立刻长出了一个苹果，这样多神奇啊！

……

4.同学们的建议非常好！如此一来，这个想象故事一定会非常的充实、有意思。

（四）牛刀小试

1.现在，同桌同学可以交换习作，在认真阅读的基础上，说说自己最喜欢同学写的什么内容，什么地方需要修改。

课件出示：

交换习作，相互学习	1.说说自己最喜欢同学写的什么内容。
	2.说说什么地方需要修改。

2.谁愿意和大家分享？

3.课后，同学们将修改后的习作工整地抄写在稿纸上。我们将在墙报上开辟一个专栏：想象岛。优秀的习作将粘贴到"想象岛"上，供大家阅读、学习。

八、佳作分享

我变成了一棵苹果树

春天的时候，我好想变成一棵苹果树。我举起灵验的如意：如意如意，让我变成一棵苹果树吧。我真的成了果园里的一棵粗壮的苹果树。

如今，已经到了秋天，我的枝丫上长满了又大又红的苹果，犹如一个个红彤彤的小灯笼。小白兔、小喜鹊、小蜗牛、小松鼠纷纷在我的树顶上安了家。它们的家的形状各不相同：有长方形的、椭圆形的、五边形的……

小喜鹊站在高高的枝头，饶有兴致地说："小伙伴们，树上的果子真诱人啊！傍晚，我们举办一个收获节，好吗？"

"好啊！"

"好啊！"

……

小动物们高兴得拍起手来。

太阳渐渐地落山了，晚霞照射在片片绿叶上。小喜鹊为大家准备好了一杯杯苹果汁，小白兔端来了一盘拔丝苹果，小蜗牛为大家奉献了一碟苹果泥……苹果树下摆满了苹果美食。

慢慢地，太阳已经不见了踪影。可是小动物们正在开怀畅饮，唱着，跳着。我按下了隐形按钮，一个个红苹果就像一盏盏红灯泡，顿时，苹果树上灯火通明。

一直到很晚很晚，小动物们才回到自己的家里，进入甜甜的梦乡。

第六单元　身边那些有特点的人

一、教材分析

第六单元的主题是：多彩童年。

习作内容：身边那些有特点的人。

本单元的习作要求是：写一个身边的人，尝试写出他的特点。

本单元的习作要求学生选一个人来写。学生可以通过一件事情表现人物的特点，也可以通过人物的一系列行为来写。习作完成后，给习作取个题目，题目中要用上表示人物特点的词语。教材中给学生列举了一系列表现人物特点的词语，不仅活泼俏皮，还鲜明地揭示了人物的特点。

这次习作，教师引领学生习得方法——通过具体的事例表现人物的特点；还可以通过人物的一系列行为体现人物的特点。

二、教学目标

1.运用"用一件事或一系列行为表现人物的特点"的写法，体现人物外貌、性格、特长爱好、品质等方面的特点。

2.给习作取一个精彩的题目，用上表示人物特点的词语。

3.通过自评和互评，在虚心听取他人意见的基础上，能用修改符号修改习作。

三、教学重点

运用"用一件事或一系列行为表现人物的特点"的写法，体现人物外貌、性格、特长爱好、品质等方面的特点。

四、教学难点

通过事例或一系列行为把人物的特点写清楚。

五、教学准备

教师：
制作课件，印学习单。
学生：
给学生分组，选出小组长。

六、教学时间

2课时

七、教学过程

第一课时

（一）温故知新

1.走进第六单元"多彩童年"，我们阅读了《剃头大师》，认识了小沙；还阅读了《我不能失信》，结识了宋庆龄。他们是怎样的人呢？

2.你能不能采用先概括后具体的方法，把这段话补充完整。

课件出示：

宋庆龄是一个诚实守信的人。_____

_____

_____

_____

3.教师小结：介绍人物时，要想给别人留下深刻的印象，就必须通过具体的事例展现人物最鲜明的特点。

4.在同学们补充的这段话中，如果能够引入人物的语言和动作，一定会让大家身临其境的。谁能融入人物的语言、动作、神态，再来把这段话补充完整。

5.教师小结：在叙述一件事情时，突出人物的语言、动作、神态，更能反映出人物的内心，展现人物的特点。

（二）聚焦特点

1.在我们身边的人，他们具有哪些特点呢？一起来看屏幕，谁来读一读？

课件出示：

2.正是有了这些特点，才使得我们与众不同。再读一读这些词语，你能给它们分类吗？要想给它们正确分类，首先要弄懂它们的意思。比如：小书虫、乐天派、智多星……

课件出示：

	性格	
人物的特点	爱好	
	本领	
	品质	

3.每一个词语都表现了人物某一个方面的特点。如果用这些词语称呼人，那必然抓住了人物的特点。

4.当你看到这些词语的时候，你想到了谁？为什么会想到他？四人一组交流交流，可以参考屏幕上的句式。

课件出示：

看见"热心肠"，我想起了同桌，我给你们讲一件事情……

"昆虫迷"？这不是在说我表哥吗？他在家里养了各种各样的昆虫……

5.学生分享：

看见"小书虫"，我想起了哥哥，他的书架里有近60本课外书，每天晚上写完作业，他就从书架上选一本书，一读就是一个多小时。

看见"热心肠"，我想起了同桌李红，她看见明明抱着一摞作文本，明明一不小心把作文本散落一地，李红二话不说，跑过去帮明明整理好，和明明一起把全班的作文本抱到了教室。

……

6.在我们的日常生活中，有很多有特点的人，"世界上没有两片完全相同的树叶，也没有性格完全相同的人"。除此之外，你还想到了哪些这样的词语？这些词语可以用来形容哪些人呢？

7.学生分享：

我想到了"飞毛腿"，它可以用来形容跑得快的人。

我想到了"百灵鸟"，它可以形容喜欢唱歌，而且歌唱得特别好的人。

……

8.教师小结：通过交流，我们发现身边的人都非常有特点。他们都有自己独特的一面，只要我们拥有一双慧眼，就可以发现他们的独特之处。

（三）聚焦表达

1.如何通过一件事情写好人物的特点呢？书中的两个"泡泡"给我们提供了两个方法。再来读一读第一个"泡泡"，这个"泡泡"中隐藏着什么方法呢？

课件出示：

看见"热心肠"，我想起了同桌，我给你们讲一件事情……

2.在习作课一开始，我们以《我不能失信》为例练习表达。这篇文章通过一件事情，表现出人物诚实守信的品质。先交代清楚这件事的起因：渴望去伯伯家；再重点抓住人物的语言、动作、神态，写好事情的经过；最后交代事情的结果。

课件出示：

我不能失信 ┤ 渴望去伯伯家 ／ 答应小珍〔语言 动作 神态〕诚实守信 ／ 留了下来

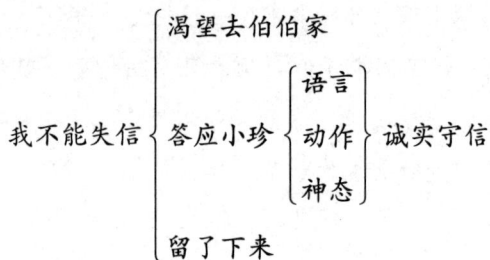

3.再来读一读第二个"泡泡"，这个"泡泡"中隐藏着什么方法呢？

课件出示：

"昆虫迷"？这不是在说我表哥吗？他在家里养了各种各样的昆虫……

4.既然"昆虫迷"对昆虫到了痴迷的程度，这里面一定有一系列的日常行为，你能想象一下吗？这个省略号省略了人物的哪些行为？

5.教师小结：他都养了哪些昆虫？平日里是如何照料的？他是如何学习昆虫知识的？这些行为表现出他对昆虫达到了何种痴迷的程度。

（四）聚焦选材

1.在我们铺开稿纸之前还要细细地思考：你打算写谁，表现他什么特点，如何表现他的这个特点？

课件出示：

学习单			
我想写：_____。		我想写：_____。	
表现他（她）_____的特点。		表现他（她）_____的特点。	
通过一个事例，表现他（她）的特点。		通过一些行为，表现他（她）的特点。	
一个事例	起因：	一些行为	1.
	经过：		2.
	结果：		3.

2.谁来汇报自己的学习成果？

学生分享：

我想写：___小松___。	
表现他（她）__爱集邮__的特点。	
通过一些行为，表现他（她）的特点。	
一些行为	1.课下，他总是捧着一本《集邮》杂志，津津有味地阅读。
	2.他告诉大家：家里收藏了上百枚的邮票。有人物的，有风景的，有花草的，有动物的……
	3.每次和爸爸妈妈旅游，他总要给自己寄一张明信片，收藏明信片上的邮戳。

3.如果给你的习作取个题目，要用上表示人物特点的词语，你会怎么拟题呢？

4.那么，习作开头、结尾写什么呢？

课件出示：

题目：我们班的集邮迷	
表现他（她）__爱集邮__的特点。	
开头	
中间	行为1：课下，他总是捧着一本《集邮》杂志，津津有味地阅读。
	行为2：他告诉大家：家里收藏了上百枚的邮票。有人物的，有风景的，有花草的，有动物的……
	行为3：每次和爸爸妈妈旅游，他总要给自己寄一张明信片，收藏明信片上的邮戳。
结尾	

5.课后，请大家拿起手中的笔给身边的人"画像"吧，老师期待阅读你们的文字，讲评课上会和大家分享其中的佳作。

第二课时

(一) 对话题目

1.同学们，我阅读了大家的习作，从中挑选了一些习作的题目，你也来读一读这些题目，说一说：你觉得哪个题目最有意思？

课件出示：

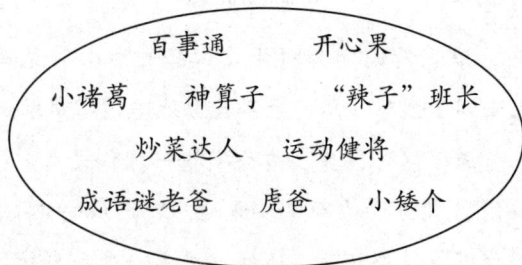

百事通　　开心果

小诸葛　　神算子　　"辣子"班长

炒菜达人　运动健将

成语谜老爸　虎爸　小矮个

2.学生分享。

3.你觉得哪个题目会让本人看了之后有点生气呢？

4.教师小结：是啊！当我们下笔写身边那些有特点的人时，要写那些积极的、向上的特点，要懂得尊重他人。

(二) 对话外貌

1.习作的一开篇，有的同学刻画了身边人的外貌，先来读一读这段话。

课件出示：

他有一头乌黑的头发，圆圆的脸上带着顽皮的神色，一双黑黑的大眼睛，天真地朝你看。

2.再来读一段，比较这两段话，哪一段写出了人物的特点？

课件出示：

他的嘴角有一颗像米粒大小的黑痣，让人过目不忘。

3.教师小结：特点，就是与众不同的地方，是一个人的独特之处。无论是刻画人物的外貌，还是刻画人物的性格、品质、特长等，都要突出人物的特点，突出这个人的独特之处。

（三）对话修改

1.有一位同学写的是《热心肠小明》，在文中，他记叙了一件什么事情呢？

课件出示：

热心肠小明

说起小明，班里的同学都叫他热心肠。热心肠见人总是乐呵呵的，看见他人遇到了困难，总是毫不犹豫地跑过去帮助别人。

上午第三节课下课了，我去办公室抱一摞作文本。快走回教室的时候，脚下一滑，哎呀！摔倒了！这时，我们班的热心肠跑过来了，他二话不说，蹲下身，把散落一地的作文本一本一本地捡起来。有热心肠的帮助，很快，我们把本子全都整理好了。

这就是我们班的热心肠小明，不管谁遇到了困难，他总是热情地跑过去无私地帮助别人。

2.你觉得这件事写得具体吗？你能给提一提修改意见吗？

3.教师小结：同学们提得非常好，一是当作文本散落一地后，是怎样的一番情景，可以写一写；当时自己的心情怎么样，也可以写一写；当热心肠帮助"我"把本子整理好以后，我又说了些什么，热心肠又说了些什么，也可以写一写。这样一来，当时的情景更完整。

4.拿出你的学习单，帮助小作者把这件事补充完整吧。

课件出示：

热心肠小明

说起小明，班里的同学都叫他热心肠。热心肠见人总是乐呵呵的，看见他人遇到了困难，总是毫不犹豫地跑过去帮助别人。

上午第三节课下课了，我去办公室抱一摞作文本。快走回教室的时候，脚下一滑，哎呀！摔倒了！＿＿＿＿＿＿＿＿＿＿＿＿

_____

_____。这时，我们班的热心肠跑过来了，他二话不说，蹲下身，把散落一地的作文本一本一本地捡起来。有热心肠的帮助，很快，我们把本子全都整理好了。_____

_____

_____

_____

这就是我们班的热心肠小明，不管谁遇到了困难，他总是热情地跑过去无私地帮助别人。

5. 谁来和大家分享一下？

6. 老师也进行了补充，想不想听一听？

课件出示：

热心肠小明

说起小明，班里的同学都叫他热心肠。热心肠见人总是乐呵呵的，看见他人遇到了困难，总是毫不犹豫地跑过去帮助别人。

上午第三节课下课了，我去办公室抱一摞作文本。快走回教室的时候，脚下一滑，哎呀！摔倒了！那摞作文本立刻像雪花一样散落一地。我怎么这么不小心啊！马上就要上作文课了，可作文本还没有发给大家！额头上的汗珠一滴一滴地往下落。这时，我们班的热心肠跑过来了，他二话不说，蹲下身，把散落一地的作文本一本一本地捡起来。有热心肠的帮助，很快，我们把本子全都整理好了。我感激地对他说："今天多亏了你的帮助，谢谢你啊！"他却微微一笑，说："不用谢，人多力量大，我们俩人一起弄，很快就弄好了！以后需要帮助，尽管找我。"

这就是我们班的热心肠小明，不管谁遇到了困难，他总是热情地跑过去无私地帮助别人。

7.谁来评一评？

8.教师小结：小作者通过一件事表现小明热心帮助他人的品质，在叙述这件事时，写了本子散落一地后，我内心中的焦急，以此衬托出他对我的帮助意义之大。为了突出他热心助人的品质，着重抓住了热心肠的动作和语言，展现了他的美好品质。

（四）对话习作

1.同学们，请拿出你的习作，细心地阅读后，依照评改标准对习作进行修改。

课件出示：

评改标准	1.外貌要体现人物的特点。
	2.无论是通过一件事，还是通过一系列行为表现人物特点，在描写上都要突出人物的动作和语言，以凸显人物特点。
	3.习作中语句要通顺。

2.当你和同桌都修改好了，可以将习作互换，再次默读，一边读一边修改。

3.经历了自读自改和互评互改，谁和大家分享一下，你是怎样修改的？

4.同学们，课后，你还可以将修改后的习作给你写的那个人看看，听听他的评价。

八、佳作分享

鸽子迷外公

我的外公是一个不折不扣的鸽子迷，一跟鸽子在一起，他就常常忘记了时间，忘记了吃饭。

每天清晨，外公要做的第一件事情就是打扫鸽舍。打开鸽舍的小门，鸽子一只一只地飞向了天空。他手拿一把小扫把，扫过鸽舍里的每一寸地方。扫过之处，干净整洁。

外公给鸽子准备的食物十分丰富，有小米、玉米、小麦、高粱、绿豆等。到了周末，鸽子们还会有加餐。我都有些羡慕那些活泼可爱的鸽子了。

终于有一天，外公养的鸽子可以大显身手了。外公挑选了三只"精兵强将"去参加信鸽比赛，鸽子很争气，为外公飞了一个第七名的好成绩，给我们全家增了光！外公高兴得合不拢嘴。

这就是我的鸽子迷外公，爱鸽子爱到了忘我的境界。

第七单元　国宝大熊猫

一、教材分析

第七单元的主题是：奇妙的世界。

习作内容：国宝大熊猫。

本单元的习作要求是：初步学习整合信息，介绍一种事物。

本单元的习作任务是介绍国宝大熊猫。教材中列举了小朋友想了解大熊猫的一些问题，有的指向了大熊猫的类别，有的指向了大熊猫生活的地方，有的则指向了大熊猫的价值。教学中，教师可以继续引导学生提出关于大熊猫的其他问题，同时辅助学生查找资料，充实习作内容。

这次习作，教师引领学生习得方法——能够从多种途径查找资料，按照一定的顺序从不同的方面介绍事物的特点。

二、教学目标

1.学习通过多种方式解答关于大熊猫的疑问。

2.能根据查找的资料，整合信息，围绕提示的问题写一写大熊猫。

3.通过自评和互改，能用修改符号修改不准确的内容并补充新的内容。

三、教学重点

初步学习整合大熊猫的信息，从不同方面介绍大熊猫。

四、教学难点

通过自评和互改，能用修改符号修改不准确的内容并补充新的内容。

五、教学准备

教师：
制作课件，印学习单。
学生：
搜集有关大熊猫的图片。

六、教学时间

2课时

七、教学过程

第一课时

（一）欣赏图片，走近熊猫

1.同学们，这节课，让我们走近国宝大熊猫。课前，老师把同学们搜集的有关大熊猫的图片制作成了幻灯片，我们一起来看看。

2.在看过一张张有关大熊猫的照片后，请说说大熊猫给你带来的感受。

3.很多同学都非常喜欢大熊猫憨憨的样子，如果遇到没见过大熊猫的小伙伴，你会怎样介绍它的外形呢？

4.同学们介绍得非常翔实，比如：颜色、大小、脑袋、眼圈、四肢……

5.能不能再简练一些，抓住大熊猫最特别的地方给你的伙伴介绍呢？让听的人一下子就能记住大熊猫的特点，留下最深刻的印象。

6.学生分享：

熊猫穿着一身黑白相间的外衣，毛茸茸的面孔上镶嵌着一对黑乎乎的大眼睛，好似戴着一副墨镜。

7.这位同学抓住了熊猫的哪些特点进行介绍的？哪些是看到的，哪些是想到的？

8.教师小结：介绍熊猫的外形时，不必面面俱到，可以抓住最有特点的地方来说。当你把看到的与想到的结合在一起写的时候，句子就生动有趣了。你对它的喜爱之情也就自然地融入到了句子中。

（二）走近熊猫，提出疑问

1.大熊猫是我们的国宝，许多小朋友想更多地了解大熊猫，有的小朋友最想知道——

课件出示：

学习单

我的疑问

大熊猫是猫吗？

大熊猫生活在什么地方？

大熊猫为什么被视为中国的国宝？

_____

_____

_____

2.四位同学为一个小组，在小组长的组织下交流：关于大熊猫，我还有哪些疑问吗？

3.关于大熊猫，你们还有哪些疑问呢？

学生分享：

大熊猫的毛为什么黑白相间？

大熊猫的黑眼圈是因为熬夜熬出来的吗？

大熊猫只爱吃竹子吗？

大熊猫每天睡觉多少个小时？

刚生出来的大熊猫宝宝的毛也是黑白相间的吗？

4.这些疑问都是有价值的，说明是经过同学们深思熟虑的，这些内容都可以写进习作中。如果我们通过搜集资料，回答了这些疑问，再把它写下来，读者了解了大熊猫哪方面的特点呢？

课件出示：

大熊猫是猫吗？（类别）

大熊猫生活在什么地方？（生活环境）

大熊猫为什么被视为中国的国宝？(价值)

大熊猫的毛为什么黑白相间？（样子）

大熊猫的黑眼圈是因为熬夜熬出来的吗？（样子）

大熊猫吃什么？（吃食）

大熊猫每天睡觉多少个小时？（睡觉）

大熊猫睡醒了，喜欢做什么？（活动）

刚生出来的大熊猫宝宝的毛也是黑白相间的吗？（繁殖）

大熊猫能活多少岁？（寿命）

5.如果要写这些内容，你会给它们怎样排序呢？说出理由。

6.如果我来写，我会把这些内容这样排序。

课件出示：

样子—类别—生活环境—吃食—活动—睡觉—繁殖—寿命—价值

7.但是，在一篇习作中，这些内容都要写进去吗？让我们从课文中借智慧吧。

课件出示：

$$我们奇妙的世界\begin{cases}天空的珍藏\\大地的珍藏\end{cases}\qquad 火烧云\begin{cases}颜色\\形状\end{cases}$$

8.你看，《我们奇妙的世界》是从"天空的珍藏""大地的珍藏"来写的；《火烧云》是从"颜色""形状"两方面来写的。请你再来思考：在一篇习作中，这些内容都要写进去吗？

9.选择自己最感兴趣的，有选择地、有重点地介绍，才会给读者留下深刻的印象。

（三）搜索信息，整合信息

1.现在，我们一起查找资源，解决大家的疑问。我们可以从哪些途径查找资料呢？

2.我们可以在网上搜索。当我们在搜索框中输入"大熊猫"三个字后，点"回车键"，再点击第一条信息。在介绍"大熊猫"的"进化"时，有这些重要的信息，谁来读一读？

课件出示：

大熊猫的祖先是始熊猫，大熊猫的标准中文名称其实叫"猫熊"，意即"像猫一样的熊"。这是一种由拟熊类演变而成的以食肉为主的最早的熊猫。

3.当我们阅读了这些信息以后，我在稿纸上写下了这样一段话，谁来读？

大熊猫的标准中文名称叫"猫熊"，意思是"像猫一样的熊"。所以说，大熊猫不是猫，而是熊的一种。

4.这段话由两部分内容组成，一部分写的是什么？另一部分写的又是什么呢？

5.教师小结：整理信息的小妙招之一：先写原因，再写结果。后来，我再次修改了这段话，小声地读一读。

课件出示：

你知道大熊猫是猫吗？大熊猫的标准中文名称叫"猫熊"，意思是"像猫一样的熊"。所以说，大熊猫不是猫，而是熊的一种。

6.在这段话中，为什么要加上"你知道大熊猫是猫吗"？

7.教师小结：自问自答，一定能调动起读者阅读的兴趣，这就是表达的技巧。但并不是每个自然段都要"自问自答"，如果千篇一律，读者读起来就索然无味了。

（四）搜索信息，练习整合

1.有一位小伙伴在介绍"大熊猫生活在什么地方"时，写下了这样的3句话，一起读一读？

课件出示：

大熊猫生活在四川、陕西和甘肃等地。这些地方森林茂盛，竹类生长良好，隐蔽条件良好，食物资源和水源都很丰富。不过很多大熊猫生活在自然保护区内，目前全国有13个大熊猫自然保护区。

2.第1句话已经回答了"大熊猫生活在什么地方"，为什么还要添上第2、第3句话呢？

3.教师小结：第1句话直接回答了大熊猫生活在什么地方；第2句话介绍了大熊猫生活在这里的原因；第3句话介绍了大熊猫生活的地方和很多动物不同。整理信息的小妙招之二：围绕一个问题，把回答的几句话按照一定的顺序连在一起，组合成一段话。

4.如果写"大熊猫吃什么"这个内容时，可以从哪几方面来组织材料呢？小组成员讨论讨论。

课件出示：

学习单

大熊猫 吃什么	

5.哪个小组来汇报？

学生汇报：

学习单

大熊猫 吃什么	它们吃什么？春夏季最爱吃不同种类的竹笋，秋季多以竹叶为主食，冬季以竹秆为主食。
	它们吃多长时间？大熊猫每天需要花费将近一半的时间来进食。
	它们怎样吃？大熊猫大多数的时间都是在手脚并用地收集、准备食物和进食。它们吃食的时候，十分悠闲：坐着、平躺、侧倚。
	它们还吃其他的吗？大熊猫食物的99%都是竹子，有时候也可能是一些野花、藤蔓、野草、蜂蜜，甚至是一些肉。

6.教师小结：看来，大家已经掌握了整合信息的小妙招：围绕一个问题，把回答的几句话按照一定的顺序连在一起，组合成一段话。

（五）阅读图书，写好习作

1.这次习作，就让我们围绕着感兴趣的问题，介绍一下大熊猫。

2.为了能让大家更好地搜集信息，除了在网上进行搜索，老师给大家介绍一本书——《哇！大熊猫》，让我们跟着这本书走进大熊猫的世界去一探究竟。

第二课时

（一）阅读习作，品评习作

1.这次习作中，很多同学在认真搜集信息的基础上，整合信息，完成了"国宝大熊猫"习作。在习作中，老师阅读到了一些精彩语句，你想不想读一读呢？

2.让我们一起分享。

课件出示：

大熊猫脑袋圆圆的，耳朵黑黑的，白白胖胖的大肚子，看上去又憨厚又可爱。大熊猫，你是不是昨天晚上熬夜了？要不脸上怎么出现了大大的黑眼圈呢？

（1）谁来点评一下？你欣赏哪些地方？

（2）教师小结：想象，让句子充满了灵动。在生活中，需要你的细心观察，更需要你发挥丰富的想象，将观察与想象结合，句子就会变得更加生动有趣。

3.让我们再来分享一段话。

课件出示：

大熊猫喜欢吃翠竹、竹笋、玉米秆……长大后的大熊猫一天可以吃20千克的鲜竹，一边吃，一边走，一边排粪，似乎有些不讲卫生；要是累了，它们就悠闲地坐在地上，津津有味地吃着鲜嫩的绿竹。吃完主食后，大熊猫还喜欢把碗口般粗的"构树"当零食般啃掉。

（1）围绕着"大熊猫吃什么"这个问题，小作者是从哪几个方面组织材料的？小组四位同学可以讨论讨论。

课件出示：

"大熊猫吃什么"			

（2）哪位同学来汇报？

课件出示：

"大熊猫吃什么"			
吃什么	吃多少	怎样吃（一边走一边吃；坐在地上吃）	零食呢

（3）你觉得哪些地方写得很有意思？

4.让我们再来分享一段话。

课件出示：

大熊猫为什么被视为国宝呢？大熊猫已经在地球上生存了至少800万年，因为它们生活在高山深谷里，所以被称为"活化石"。世界上只有中国有大熊猫，目前野生大熊猫种群数量不到2000只，所以说大熊猫是我们的国宝。

（1）请你小声地读一读，想一想：小作者是从哪几方面介绍"大熊猫被视为国宝"的。

（2）我们阅读了这段话，再一次温习了整合信息的小妙招：围绕一个问题，把回答的几句话按照一定的顺序连在一起，组合成一段话。

（二）阅读资源，提升习作

1.这堂习作讲评课上，老师给大家带来了一本书，关于"大熊猫"的一本书，书名叫《大熊猫的故事》。想不想一起来阅读呢？

课件出示：

书名	你会阅读到什么呢？
《大熊猫的故事》	"熊猫"还是"猫熊"
	小熊猫是大熊猫的宝宝吗
	大熊猫只分布在四川吗
	大熊猫的祖先是谁
	大熊猫的家园一直在缩小吗
	大熊猫为什么是黑白色
	大熊猫一直这么爱吃竹子吗
	大熊猫是"素食主义者"吗
	大熊猫有几根手指
	大熊猫是"早产儿"吗
	大熊猫爸爸去哪儿了
	为什么大熊猫不冬眠
	大熊猫的邻居都有谁
	大熊猫很长寿吗
	为什么要建立"熊猫走廊"

2.阅读了这本书后，你了解到了哪些新内容呢？

3.现在请你再来读一读自己的习作，思考：哪些地方可以引入绘本中的资料，可以让习作内容更充实、更有趣，赶快把它引入你的习作中吧。

4.谁来和大家分享，你在习作中引入了哪些资料？

5.教师小结：阅读的好处就是开阔视野，增长知识，还可以把积累的资料引入到自己的习作中，让笔下的文字更加充实。

（三）欣赏视频，提升习作

1.大熊猫胖乎乎的，活动起来更是憨厚有趣，想不想看看大熊猫活动的视频呢？一起来欣赏吧。

2.哪些画面给你留下了深刻的印象？

3.《国宝大熊猫》这篇习作中，前面介绍性文字平实凝练。当你把大熊猫活动的画面写下来，那一定非常生动有趣，更能激起读者的阅读兴致。现在，用修改符号修改你的习作，重点修改"大熊猫活动"的部分。

4.谁来和大家分享"大熊猫活动"的部分？

（四）变换方式，提升习作

1.有一位同学写了这样一篇习作，题目叫《大熊猫的自述》。我们一起来听，看看他是怎样完成的。

2.谁愿意给大家读一读？

学生朗读：

大熊猫的自述

大家好！我是"大熊猫"，不是因为我的个子大，我从出生就叫"大熊猫"。我胖乎乎的，水汪汪的眼睛上戴着一副黑色墨镜，是不是像一位温文尔雅的大博士啊？

……

3.这篇习作和大家笔下的习作，有什么区别呢？

4.换一种表达方式，让习作更有感染力。

5.同学们，课后请继续用修改符号将这篇习作修改好，再读给你的爸爸妈妈听，请他们提出意见后，再工整地抄写到稿纸上。

八、佳作分享

国宝大熊猫

大熊猫，在美丽的地球上生活了800万年了。目前，地球上的大熊猫不到2000只，它属于国家一级保护动物。大熊猫被誉为"活化石"和"中国国宝"。

一年四季，它都穿着一件黑白相间的夹袄，可不能小看了这件夹袄，它可以帮助大熊猫隐蔽在茂密的树上和积雪的地面，而不被天敌发现。

大熊猫不但长相可爱，吃起东西来更有趣呢。它的菜单很是特别，几乎包括了在高山地区可以找到的竹子。它最喜欢吃翠竹，先将竹茎叶咬下来，攒在嘴里，再用手握住，左一口，右一口，津津有味地吃着。如果你不去打扰它，它每天吃饭就长达14个小时左右。

大熊猫高兴的时候，就会在草地上开心地到处乱跑，好像一个圆球在草地上滚来滚去，让人忍俊不禁。它若是不高兴的时候，就会在地上"闷闷不语"。

在国际舞台上，胖墩墩的大熊猫已成为传递中国人民情谊的友好使者。世界上很多人对中国的第一印象就是来自大熊猫，由于喜欢大熊猫而对中国产生浓厚兴趣，进而感受到中国人民的友好情谊。大熊猫，真了不起！

第八单元　这样想象真有趣

一、教材分析

第八单元的主题是：有趣的故事。

习作内容：这样想象真有趣。

本单元的习作要求是：根据提示，展开想象，尝试创编童话故事。

本单元的习作旨在激发学生的丰富想象力，初步培养学生的求异思维能力。学生在三年级上册的学习过程中已经写过童话故事，本次习作是在原有基础上的巩固与提高。教师要引领学生根据创设情境，打开思路，大胆从动物失去特征，变得与原来相反来想象，努力把夸张、奇特的故事情节写清楚，给人以"有趣"之感。

这次习作，教师引领学生习得方法——让创编的故事有波折，让习作语言风趣幽默。

二、教学目标

1.能够选择一种动物作为主角，大胆想象由于它特征变化带来的生活变化，编写一个童话故事。

2.启发学生大胆想象，培养学生的想象能力。

3.能用学过的修改符修改自己的习作。

三、教学重点

想象小动物失去原来的主要特征，生活产生的变化或发生的奇异的事情。

四、教学难点

启发学生大胆想象，创编的童话故事充满趣味。

五、教学准备

教师：

制作课件，印学习单。

学生：

给学生分组，选出小组长。

六、教学时间

2课时

七、教学过程

第一课时

（一）走近动物

1.同学们，你们喜欢动物吗？地球上生活的每一种动物都具有鲜明的特征，无论是外形上，或是习性上，还是品质上，一起来看幻灯片，你能说出它最鲜明的特征吗？

课件出示：

母鸡　蚂蚁　老鹰　蜗牛

2.一提起这些动物，我们立刻想到了母鸡不会飞，会下蛋；蚂蚁弱小，但团结勤奋；老鹰展翅高飞，十分勇敢；蜗牛背着房子，爬得慢腾腾。

3.你还知道哪些小动物的特点？

课件出示：

大象　猴子　蜜蜂　狮子

4.如果它们失去了原来的主要特征，会怎样呢？

课件出示：

要是大象没有了长鼻子，它就＿＿＿＿＿＿＿＿＿＿。

要是猴子没有了长尾巴，它就＿＿＿＿＿＿＿＿＿＿。

要是蜜蜂没有了翅膀，它就＿＿＿＿＿＿＿＿＿＿。

要是狮子没有了牙齿，它就＿＿＿＿＿＿＿＿＿＿。

5.要是动物失去了原来的主要特征，变得与原来完全相反，它们的生活会有什么变化呢？

（二）阅读儿歌

1.让我们一起来欣赏一首儿歌——《颠倒歌》。

课件出示：

颠倒歌

小鱼高高天上飞，

小鸟展翅水里游。

老鼠抓住大花猫，

兔子吓跑恶老雕。

......

2.阅读了这首儿歌，你说说有什么感受？

3.这是一首《颠倒歌》，之所以让大家感到有趣，是因为这些动物失去了原来的主要特征，变得与原来完全相反，让我们感到惊喜，感到有趣。

（三）阅读图片

1.教材中出现了四幅非常有意思的图片，想不想看一看？

2.你们发现这些动物的主要特征发生了怎样的变化？

3.同学们看完了照片哈哈大笑，发现了它们的特征变得与原来完全相反。我们一起再来回顾一下。

课件出示：

母鸡：展翅高飞

蚂蚁：个头赛树

老鹰：胆小如鼠

蜗牛：健步如飞

4.那么它们的生活会有什么变化？又会发生哪些奇异的事情呢？

（四）创编故事

1.很多同学对"健步如飞"的蜗牛非常感兴趣，让我们放飞想象的翅膀，想一想蜗牛具有了健步如飞的本领后，会发生什么奇异的事情呢？

课件出示：

学习单	
这样想象真有趣	蜗牛经历了哪些奇异的事情？
健步如飞的蜗牛	1.
	2.
	3.
	4.

2.谁来和大家分享你的想法？

3.蜗牛，这种小动物，有的同学对它非常熟悉，有的同学对它不是很了解。让我们一起观看一段视频——《好玩的蜗牛》，你可以边看边记录。看完之后，请你说说蜗牛的特点和习性。

课件出示：

学习单	
我的发现	

4.学生分享。

5.当你了解了蜗牛的特点与习性后，这只健步如飞的蜗牛见到了熟悉的一切后，会发生哪些好玩的事情呢？

课件出示：

健步如飞的蜗牛	
遇见了什么	发生了什么
一位老友	
一根枯木	
一条小河	
一座高山	

6.请大家评议一下：同学们创编的哪个故事最奇异？

7.教师小结：一只健步如飞的蜗牛，这一路上跨过枯木，蹚过小河、飞跃高山……可谓是处处有波折。波折就是指事情在进行中所发生的曲折，习作中有波折，才会精彩。

（五）构思提纲

1.请四人为一个小组，在小组长的带领下，共同完成习作提纲。

课件出示：

故事	健步如飞的蜗牛	
起因	一只蜗牛吃了一口魔力草，竟然可以健步如飞……	
	它遇到了什么？	发生了什么？
经过	1.	
	2.	
	3.	
	4.	
结果	蜗牛又吃了一口魔力草，竟然又变回了原来的样子……	

2.学生分享。

3.让我们一起来评议：同学创编的哪个内容最奇异？

（六）妙笔生花

同学们，请从这四个动物中任选一个，假如它失去了本性，会发生什么奇异的事？把你的奇思妙想写下来。如果你喜欢的话，也可以选取其他的动物作为主角，大胆想象，编一个童话故事。

第二课时

（一）分享绘本

1.前一段时间，老师阅读了一个绘本故事《变大变小的狮子》，故事内容曲折、奇异，你想不想听一听？

课件出示：

有一次，特鲁鲁狮子在睡午觉，忽然听到小老鼠在喊："救命啊！救命啊！"

特鲁鲁狮子一看，原来是一只野猫抓住了小老鼠。

特鲁鲁狮子跳起来，向野猫冲去，大声叫着："放开小老鼠！"特鲁鲁狮子一边跑一边在变大，一会儿就变得像野猫一样大了。野猫看到一只跟自己一样大的狮子。吓得赶紧放下小老鼠，逃走了。

小老鼠说："哇，特鲁鲁狮子，原来你像野猫一样大啊，你好棒啊！"

他们一起往前走。这时候，远处有只小鹿在喊："救命啊，救命啊！"原来是一只老虎把小鹿抓住了。

小老鼠吓坏了，说："好可怕呀，我们快逃吧……"

突然，特鲁鲁狮子向老虎冲了过去："不许欺负小鹿！"特鲁鲁狮子一边跑，身体又在变大，变得像老虎一样大，威武又强壮。

老虎看大狮子冲过来了，赶紧放下小鹿，逃走了。

小鹿说："谢谢你，大狮子！你救了我的命！你真是威武又强壮啊！"

小老鼠也说："哇，特鲁鲁狮子，你变得这么大呀，你好棒啊！"

特鲁鲁狮子想："怎么回事啊，我也不知道我为什么会变大的……"

小老鼠说："和你在一起，我一点儿也不害怕了。"

特鲁鲁狮子也说："和你在一起，我也不害怕了。"

——摘自教育科学出版社2009年5月出版的《变大变小的狮子》，作者冰波。

2.哪些地方让你感到十分奇异？

3.这个故事的片段，由几部分内容组成？

（二）领悟技法

1.这个故事的片段由两部分组成，我们细细品味第一部分，小声读每一句话，用心体会：你的眼前仿佛出现了什么？

课件出示：

学习单

有一次，特鲁鲁狮子在睡午觉，忽然听到小老鼠在喊："救命啊！救命啊！"

特鲁鲁狮子一看，原来是一只野猫抓住了小老鼠。

特鲁鲁狮子跳起来，向野猫冲去，大声叫着："放开小老鼠！"特鲁鲁狮子一边跑一边在变大，一会儿就变得像野猫一样大了。野猫看到一只跟自己一样大的狮子。吓得赶紧放下小老鼠，逃走了。

小老鼠说："哇，特鲁鲁狮子，原来你像野猫一样大啊，你好棒啊！"

2.哪些语句让你的眼前仿佛出现了一幅生动的画面？

3.请你拿出一支铅笔，用"＿＿＿＿"标出描写语言的句子；用"○"圈出描写动作的词语。

4.谁来和大家分享？

5.一句句真实的话语和那一连串的动作，让我们的眼前出现了一幅生动的画面。这就叫"话中有画"。这样的文字才会吸引读者。

6.你细细地揣摩这一个个动词，便能体会到它们的心情。你再读一读，能触摸到它们的心情吗？

7.记住一句话：用动作表达心情，就如同用小虫钓到了一条大鱼，可以起到事半功倍的作用。

（三）领悟章法

1.听了这段故事后，你能梳理这段故事的结构吗？拿出学习单，小组同学共同完成。

课件出示：

学习单

《变大变小的狮子》
（"变大"部分）

它遇见了 _____
- 它听到 _____，看到了 _____。
- 它变得像 _____。
- 结果是：_____。

它遇见了 _____
- 它听到 _____，看到了 _____。
- 它变得像 _____。
- 结果是：_____。

2.谁愿意汇报一下？

3.你觉得这两部分内容中，有没有相同的地方，有没有不同的地方？

4.请你思考：作者为什么要这样设计反复的情节呢？

（四）小试身手

1.有一位同学对"健步如飞的蜗牛"十分感兴趣，在他的习作中有这样一段话，你来读一读，然后请你来评价。

课件出示：

学习单

小蜗牛睡醒了，申了申懒腰，精神抖擞地站到健身道上练习跑步了。小动物们站在赛道旁，个个目瞪口呆。小蜗牛从小刺猬身旁跑过，小刺猬赶忙摆了摆手，扯着嗓子大声地喊："小蜗牛，别跑了！房子里的东西都掉出来了。"小蜗牛哪听得见小刺猬的阻拦声呢！它向前冲一溜烟地，早就无影无踪了。

2.有的同学觉得这段话中有错字和不通顺的地方需要修改，那就请大家用修改符号修改这段话吧。

3.为了让读者读着文字，眼前能够浮现出生动的画面，你觉得在内容上还需要再补充吗？

4.我们来梳理一下大家的意见：①它起跑的时候有没有喊口令？②小动物们看到惊讶的一幕，心里在想什么呢？③都有哪些东西从小蜗牛的房子里掉出来了呢？

5.根据大家的意见，请你再次使用修改符号进行修改。

6.谁来和大家分享？

7.老师也进行了修改，想不想听一听？

课件出示：

小蜗牛睡醒了，伸了伸懒腰，精神抖擞地站到健身道上练习跑步了。"一、二、三，起跑！"小蜗牛一边喊口令，一边冲出了起点。小动物们站在赛道旁，个个目瞪口呆。它们想：一向慢腾腾的小蜗牛，怎么就健步如飞了呢？小蜗牛从小刺猬身旁跑过，小刺猬赶忙摆了摆手，扯着嗓子大声地喊："小蜗牛，别跑了！房子里的东西都掉出来了。"小牙刷、笔记本、小鼠标……散落一地。小蜗牛哪听得见小刺猬的阻拦声呢！它一溜烟地向前冲，早就无影无踪了。

8.谁来谈谈阅读后的感受？

（五）自读自改

1.同学们，依据评价标准，我们读一读自己的习作，可以使用修改符号对习作进行修改。

课件出示：

评价表	
	1.动物的经历很奇特吗？
评价要求	2.笔下的故事有波折吗？
	3.眼前浮现出画面了吗？

2.谁来汇报，你在哪些地方进行了修改？

3.大家来评一评。

4.当你修改完这个故事后，课后可以读给你的爸爸妈妈听一听，请他们再来提一提意见。

（六）创作绘本

当你工整地将这个故事抄写在稿纸上后，可以依据故事的内容，创作一本绘本，给这个奇异的故事配上合适的插画。课后，大家可以读一读《变大变小的狮子》，这是一个充满奇思妙想的绘本故事。

八、佳作分享

巨蚂蚁

一只小蚂蚁，在草地里闲逛。咦，一面亮晃晃的镜子挡住了它的去路。它左右思量，好奇地爬上了上去。等它从这面亮晃晃的镜子上走下来的时候，它竟然一下子变大了，变得像猫一样大，简直是一只巨蚂蚁。

巨蚂蚁大摇大摆地走着，走啊走啊。它看见了自己的好朋友立立，热情地跑过去打招呼。立立一抬头，看到了一个庞然大物，吓得转身就跑。

"别跑啊！我是你的好朋友啊！"似乎是听到了熟悉的声音，立立放慢了脚步。

"你怎么变得这么大啊？"立立满脸疑惑。

"我也不知道啊！"

"你能帮我把那块西瓜抬到洞里吗？"立立的眼神里充满了乞求。

"没问题，我自己就行！"说完，它伸出两只前足，轻轻松松地抓起那块西瓜，不费一点力气就运到了洞里。

"谢谢你啊！"立立说完，还拱手作揖。

告别了立立，巨蚂蚁继续前行。它来到一条小溪边，看见了一群小蚂蚁想过河。可是河水很深，它们站在岸边，脸上愁眉不展。巨蚂蚁猜出了它们一定是不敢过河，就热情地说："爬到我的背上来吧！我带你们过河！"

说完，只听岸边一阵欢呼声。

巨蚂蚁蹲下身，一只小蚂蚁爬上了它的前足，慢慢地爬到了它的背上。"一定要抱紧我！"巨蚂蚁带着一只只小蚂蚁，顺利地渡过了清澈的小河。

天渐渐地黑了，和小蚂蚁告别后，它想妈妈这么长时间没看见自己，会担心的。巨蚂蚁决定要往回走。它伸出前足，快速地跑啊跑啊，当跑到家门口时，它却伤心起来："我怎么钻不进去了呢？"

巨蚂蚁身强力壮，心想：我可是赫赫有名的建筑师。它决心在妈妈的洞穴旁建造一个更大的洞穴。